SV

Band 1557 der Bibliothek Suhrkamp

»Klugheit ist die Kunst, unter verschiedenen Umständen getreu zu bleiben«. Ein Satz von Hölderlin. Er drückt aus, was wir beide unter Realismus verstehen

Gespräch vom 5. Juli 2023. Am Tag vor der Verleihung des Nationalpreises an Anselm Kiefer im Französischen Dom in Berlin.

Kiefer: Den Satz meine ich ernst. Klugheit ist eine Kunst … Das werde ich morgen in meiner Rede zitieren. Klugheit ist keine Geschicklichkeit. Wie alle Kunst entsteht sie nicht bloß im Kopf, sondern sie kommt aus den Fingerspitzen. Klugheit tastet, macht Versuche, hat Charakter, beobachtet, ist wach und dauerhaft, trifft ihre Entschlüsse rasch und kann auch geduldig warten.
Kluge: Wie ein guter Arzt …
Kiefer: Oder wie ein Architekt, der vor tausend Jahren an einer Kathedrale baut.
Kluge: Oder wie ein Mathematiker und Physiker, der verschränkte Photonen und die bizarre Welt der Elementarteilchen untersucht.
Kiefer: Es braucht Ahnungsvermögen und Experimente.
Kluge: Es geht um die Kunst der Klugheit, »unter verschiedenen Umständen«.
Kiefer: Im Lied reimt sich Treue und Beständigkeit auf das Wort »jederzeit«.
Kluge: »… unter verschiedenen Umständen getreu zu bleiben«. Was das heißt, sieht man, wenn man sich das Gegenteil vorstellt. »Wetterwendisch«.
Kiefer: Unter verschiedenen Umständen heißt: »in einer zerrissenen Welt sich selbst treu, einer Sache treu sein, verlässlich sein«. Wir können im *Deutschen Wörterbuch* von Jacob und Wilhelm Grimm nachsehen, was das Wortfeld zu *verlässlich* ist.
Kluge: Bei dir in deinem großen Atelier in Croissy-Beaubourg steht ein Regal, in der die 33 Bände von Grimms *Wörterbuch* auf-

gereiht sind. Es gibt nicht viele Künstler, die eine solche Menge an Büchern griffbereit in ihrem Atelier haben.
Kiefer: Bücher sind verlässlich. Über viele tausend Jahre hinweg. Ich glaube, dass in der Arche Noah keine Tiere, sondern Bücher transportiert wurden.

STATION 1

**Traktat über Geld, Liebe, Macht und Wahrheit /
Vier Währungen, die unsere Lebenszeit regieren …**

Wanderndes Geld /
50 Sek

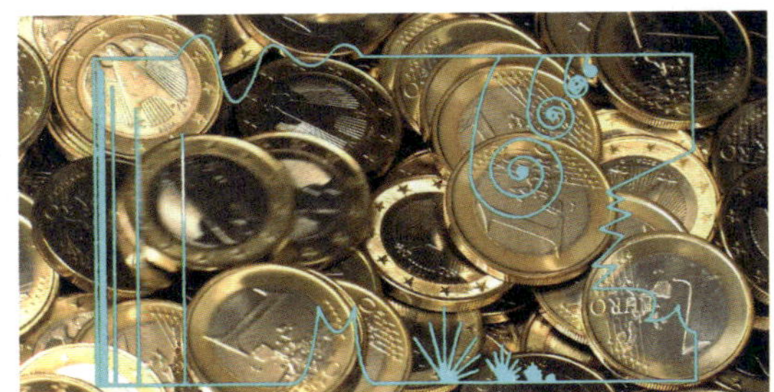

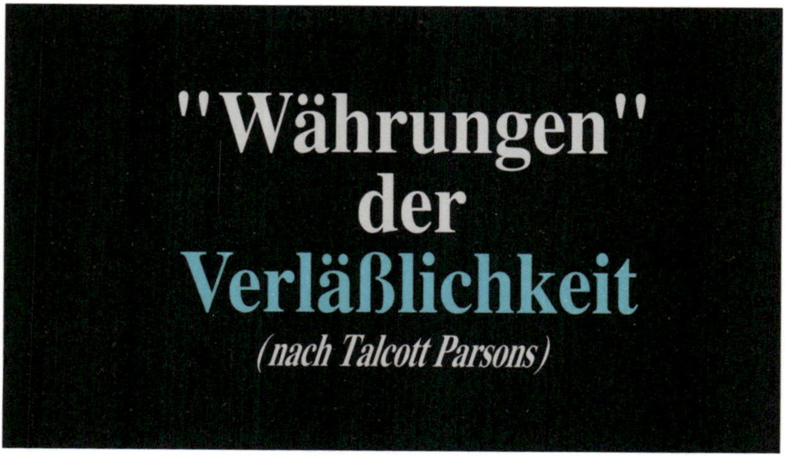

"Währungen" der Verläßlichkeit

(nach Talcott Parsons)

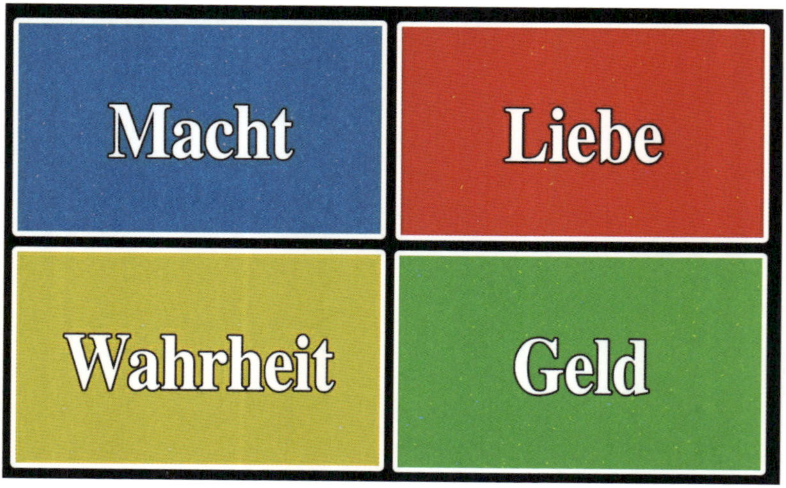

Macht	Liebe
Wahrheit	Geld

Die elementare Währung für uns Menschen ist die Lebenszeit. Das zeigt sich in der digitalen Welt darin, dass wir mit unserer Aufmerksamkeit, unserer Anwesenheit vor dem Bildschirm und nicht für Geld, Information erhalten. Wir zahlen mit der Zeit, die wir vor dem Computer verbringen.

Wir zahlen für Verlässlichkeit

Verlässlichkeit bei Krediten und gezahlt in Geld ist etwas anderes als Verlässlichkeit in der Liebe. In der Liebe zahlt die Haut. Und wenn es um Erkenntnis geht – die Wahrheit –, gilt kein Geld, sondern es gelten die Beweise. Bei der Macht, den Mächten, die uns regieren, ist die Verlässlichkeit kompliziert. Sicher ist aber: Wer sich für sein Amt Geld bezahlen lässt, verliert seine Macht, früher oder später.

Der amerikanische Philosoph Talcott Parsons rät uns – ebenso wie einst der deutsche Soziologe Max Weber –, DIESE ORDNUNGEN DER VERLÄSSLICHKEIT, diese WÄHRUNGEN, genau zu unterscheiden. So misst die konkrete Lebenswelt mit verschiedenen Maßen. Grundlage bleibt die VERLÄSSLICHKEIT.

Wie ein Mann der Aufklärung sich getraute, seine Empfindung zu zügeln, um seinem Enthusiasmus unter widrigen Umständen getreu zu bleiben

Von Immanuel Kant weiß man, mit welcher Begier er auf die Berichte aus Paris vom Fortgang der Großen Revolution wartete. Die Zeitungen aus London und die aus Paris erreichten Königsberg mit wochenlanger Verspätung. Und in den Schlammperioden mit Schlackerwetter im Herbst und im Frühjahr noch später. Im fünften Jahr dieser Revolution, 1794, überstürzten sich die Berichte von der Hinrichtung ehemals hochgeachteter Revolutionäre unter der Guillotine. Kant sah, dass Fraktionen einander mit den Mitteln der Justiz verfolgten. Kant war ein langsamer und getreuer Leser. Er musste die Nachrichten auch erst filtern. Die Berichterstattung aus London verhielt sich gegenüber den Geschehnissen in Paris feindselig. Die Nachrichten, unmittelbar aus Paris, waren offensichtlich durch die Rücksichtnahmen und Eingriffe der Zensur gefärbt. Am meisten beunruhigte Kant die Maschine, die für die massenhaften Hinrichtungen in Anwendung gebracht wurde, die Guillotine. Die aggressive Schärfe dieses Instruments richtete sich auf die ungeschützteste Partie des Leibs, den Nacken. Das ist die Stelle des Körpers, »der keine Augen hat«.

Kant gewann zunehmend negative Eindrücke. Und doch blieb er seiner ursprünglichen Haltung zu dieser Revolution treu. Er empfand, wie er es formuliert, einen »*enthusiasm*«. Das blieb für ihn seit 1789 gleich. Er blieb »unter verschiedenen Umständen getreu«.

Akrobatik eines Gelehrten »wie in einem Zirkus«

Im Jahr 1794 gelangten Nachrichten von der Revolution nach Königsberg. Postkutsche und Nachrichtenblatt kosteten GELD. Im Fraktionskampf in Paris ging es in jenen Tagen um MACHT. Weit entfernt von Königsberg und aus dem Kampf der wechselnden Parteien in Paris kommend, blieb die Währung WAHRHEIT in den Berichten stark geschwächt.

Unter Verschiedenes (»faits divers«), versteckt am Ende des Nachrichtenblattes, war die Geschichte einer jungen Frau zu lesen. Um ihren Geliebten, einen Revolutionär, der zu dem verfemten Flügel der Girondisten zählte, zu retten, war diese junge Frau, fast noch ein Mädchen, aus dem Exil in Koblenz nach Paris geeilt. Dort wurde sie verhaftet und gleich mit auf das Schafott geschickt. Diese Nachricht betraf die Verlässlichkeitsordnung LIEBE. Im Nachrichtenblatt stand sie einsam auf der letzten Seite.

Die Empfindungen und Gedanken des Königsberger Philosophen kletterten an diesem Vormittag, während er frühstückte und die frischen Nachrichten aus dem Blatt erntete, an den vier *Wertordnungen nach Parsons* hinauf und hinunter. Waren die Nachrichten das Geld wert? Wem sollte er glauben? Welche Machtverhältnisse repräsentierten die in der Ferne kämpfenden Fraktionen? Für Kant war es nicht leicht, das Gleichgewicht zwischen Empathie und Einbildungskraft (das sind Bilder) und zwischen Verstand und Gemüt während des langen Frühstücks aufrechtzuerhalten.

Die vier Währungen als »miteinander verbundene Gefäße«

Der Hochschullehrer und Autor Dirk Baecker, getreuer Interpret der Arbeiten des Systemtheoretikers Niklas Luhmann, beschreibt die *Vier Währungen nach Talcott Parsons* in ihrem Verhältnis zueinander wie folgt:

Am weitesten voneinander entfernt sind Liebe und Geld. Jemand kann nicht sagen, ich liebe dich mehr als du mich, das Kleingeld musst du mir herausgeben. Ein Mächtiger, der Geld nimmt, ist anrüchig, er verliert an Macht. Dies gilt auch für einen Mächtigen, der lügt. Dass jemand viel Geld besitzt, Macht ausübt und außerdem nie lügt, also über drei Währungen gleichzeitig verfügt, ergäbe eine starke Position, ist aber selten zu beobachten. So zählen, schließt Dirk Baecker seinen Gedanken, die vier Währungen verschieden, sind aber in der Frage der Verlässlichkeit untereinander durch Maulwurfstunnel verbunden.

»Und alle Lust wünscht Ewigkeit« / Verlässlichkeit in der Liebe

Ovid beschreibt die Geschichte eines antiken Paares, das lebenslänglich einander getreu war. Das Paar hieß Philemon und Baucis. Im fünften Akt von Goethes Tragödie *Faust* wird dieses Paar von

Gewalttätern ermordet. Ihr Haus und Garten, die mehr als zweitausend Jahre lang überdauerten, werden verwüstet. Die Untat, von dem zerstörerischen Geist Mephistopheles angezettelt, führt zum Tode des Protagonisten Dr. Faust und markiert die Bruchstelle im technischen Fortschritt, das Ende der Handlung in dieser Tragödie.

Die beiden, Philemon und Baucis, waren lebenslang verlässlich zueinander. Dritten gegenüber waren sie generös. Sie hatten selbst kaum Vorräte und gewährten doch Göttern, die als Bettler verkleidet zu ihnen kamen, Gastfreundschaft. Dafür erhielten sie die Gabe, nach ihrem Tod als zwei Bäume ineinanderzuwachsen. Mit den Wurzeln nach oben, hin zum Himmelszelt. Trotz dieser Verwandlung (»Metamorphose«) sind diese beiden – heterotopisch, weil Liebe nicht stirbt – »unsterblich«, bis sie im Rahmen der Moderne, dokumentiert in der oben genannten Tragödie Goethes, umgebracht werden.

»Frauen, die ihre Männer retten«

In Beethovens einziger Oper, *Fidelio*, die in der Urfassung von 1805 noch *Leonore* heißt, rettet eine junge Frau unter unwahrscheinlichen Umständen ihren Mann.

In der Originalfassung von 1805 geht es nicht um eine Phantasie- oder Idealwelt in Spanien, sondern um die Französische Revolution. Die Fraktionen und die Sieger im rasch wechselnden Geschehen (»den verschiedenen Umständen«). Ein Mächtiger, der eben noch in der Lage war, einen politischen Rivalen – zum Beispiel den späteren Gouverneur der Gefängnisfestung, in der er selbst einsitzt – im Rang zurückzusetzen und zu vernichten, ist vom Revolutionstribunal verurteilt worden und vegetiert in einem tiefen Keller, in der Gewalt seines Rivalen.

Dann hat sich die politische Lage verändert, Rettung wäre in Sicht. Die Französische Revolution kommt im Thermidor an ihr

Ende. Ein Quantum an Rechtsstaat soll obrigkeitlich wieder hergestellt werden. Die Rettung für den eingekerkerten Genossen, Fidelio, naht. Der Aufseher des Kerkers will, noch ehe die Retter vor den Toren ankommen, den Intimfeind, den einst Mächtigen der anderen Fraktion, umbringen und so vollendete Tatsachen schaffen. Das verhindert die junge Frau. Sie tötet den heimtückischen Mörder im entscheidenden Moment und befreit den, den sie liebt. »Komm Hoffnung, lass den letzten Stern der Armen nicht verblassen« ist der Text der zentralen Arie der Leonore in diesem »Testament Beethovens«.

Die junge Frau hat zuvor einen Wechsel ihrer Identitäten vollzogen. Sie trägt Männerkleider, hat sich als Scherge verdingt in der Kerkerfestung, macht falsche Versprechungen in der Familie des unmittelbaren Kerkerhüters, sie lügt, ist beharrlich und rettet im entscheidenden Moment, mit weniger Kräften als die, über die der politische Konkurrent ihres Mannes verfügt, das, was ihr wesentlich ist, das Leben ihres ehelichen Gefährten. Woraus die Liebesbeziehung zwischen dem Geretteten und seiner Frau besteht, ist bei Beethoven nur abstrakt beschrieben. Die Vehemenz der Rettungsaktion dagegen hat in keiner anderen existierenden Oper ein Gegenspiel.

Die Schwungkraft von Beethovens Entwurf kann man nur nachvollziehen, wenn man in unserer Zeit sucht.

Wo ist eine Leonore in der Zeit nach 1945?

Wie widersprüchlich, gemessen an den Fraktionskämpfen der Französischen Revolution, sind inzwischen die »verschiedenen Umstände«. In einem der letzten Kriegsjahre hat sich zwischen dem Chef des Wehrmachtsstabes Generaloberst Jodl und einer der Sekretärinnen des Führerhauptquartiers eine Liebesbeziehung entwickelt, später eine Ehe. Jetzt reist diese junge Frau über die zerstörten Verkehrswege des ehemaligen Deutschen Reichs von

Nord nach Süd und sucht ihren Mann, der dann am Galgen enden wird, zu retten.

Jahre zuvor eine ganz andere Szene

Der Dichter Bert Brecht liebt insgeheim die Sängerin und Schauspielerin Carola Neher, die schon in der *Dreigroschenoper* sang. Durch eine Intrige oder die Hartnäckigkeit der sowjetischen Behörden bei der Verfolgung der Trotzkistischen Fraktion, ist sie zu Zwangsarbeit verurteilt und in ein Gulag-Lager eingeliefert. Brecht prüft, ob er, eventuell verkleidet als Frau, über Istanbul in die Sowjetunion einreist und sich um die Befreiung dieser Geliebten bemüht. Er schreibt Briefe. Viele, die Carola Neher lieben, schreiben Briefe, auch an wichtige Kontakte in der Internationale. Niemand aber macht sich auf, wie einst Leonore. Man weiß, dass Brecht – noch als er längst in Amerika war – mit seinem Mangel an unmittelbarem Rettungseinsatz haderte. Er gefiel sich nicht als einer, der nur Brandbriefe schrieb. Die Geliebte starb im Süden Russlands unter hässlichen Umständen.

Blumen des Guten

Ihr praktischer Sinn zeigte sich zum Beispiel darin, dass die Kinder wegen des Regens Plastiktüten auf dem Kopf trugen, mit Gummibändern an Stirn, Schläfe und Hinterhaupt festgehalten. Sie trabte, alle vier Töchter im Alter von viereinhalb, sechs, sieben und acht Jahren bei sich, am Strand dahin. Sie liefen täglich die Straßen von Cannes auf und ab mit einem Sortiment von in Klarsichtfolie eingebundenen Blumen; im Einkauf 20 Centimes, im Verkauf 10 Francs, von den Blumen brachte jede der vier Töchter an einem Arbeitstag etwa 30 unter. Das waren 1176 Francs täglich, welche die Mutter kassierte und zur Verfügung von Bruno bereithielt.

Sie hatte das Glück, einen Mann gefunden zu haben, der sie auszunutzen wusste und in dieser Hinsicht gleichmäßig und zuverlässig war.

Eben gehen sie, die fünf, über die Promenade. Nach der Tagesarbeit lassen sie sich Photographieren. Eine der Töchter vor ihr, links zwei, rechts die älteste. Alle haben Plastikblumen in der Hand, für morgen.

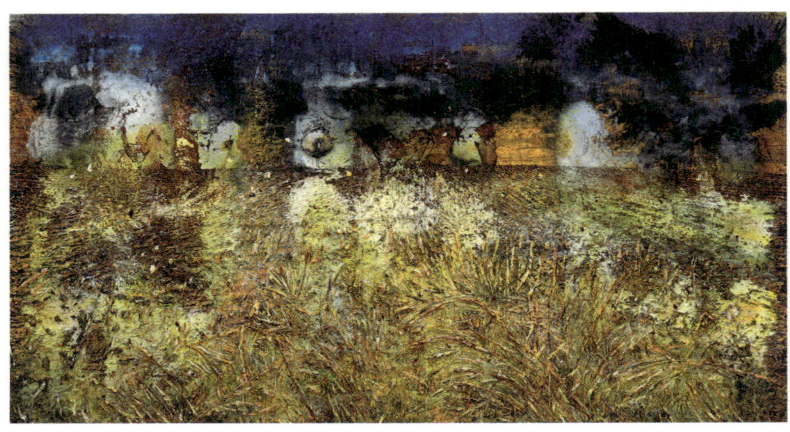

Field of the Cloth of Gold
2019
Emulsion, Öl, Acryl, Schellack, Stroh und Blattgold auf Leinwand
470 × 840 cm

Verlässlichkeit eines Börsianers

Der Börsianer Adolf Krüger aus Halberstadt, wohnhaft Kaiserstraße 42, nahm im Grand Hotel Leopold I in Brüssel noch ein Frühstück zu sich und erschoss sich dann auf dem Balkon seines Hotelzimmers, damit der Pulverrauch, den er sich stärker vorgestellt hatte, als er dann tatsächlich war, nicht das elegante Innere der Suite verunreinige. Passanten blieben wegen des Schusses stehen und sahen einen großen Mann zusammensacken.

Ein Page brachte Nachrichten von der Börse, erhielt kein Trinkgeld, ja, es öffnete auf sein beharrliches Klopfen niemand, und er nahm den Zettel, auf dem Verluste notiert waren, mit zur Rezeption, wo in der ausgebrochenen Aufregung niemand die Nachricht entgegennahm. Ärzte kamen, Polizeibeamte. Das endgültige Defizit, das über Krügers Vermögen entschied, blieb »verschmissen«.

Der Tote hatte die Verlustanzeige nicht gebraucht. Er wusste aus der *Richtung* der Kurse, dass ihm auf dieser Welt und in seinem Beruf keine Chance blieb. Es geht um anvertrautes Geld. Er hatte keine Kenntnis des Lateinischen und wusste nichts von der Sitte der Feldherrn, sich nach verlorener Schlacht in das Schwert zu stürzen. Ohne bewusstes Vorbild blieb er einer langen Reihe zuverlässiger Finanzverwalter treu.

Unter disruptiven Umständen ...

Abraham Germansky, ein Grundstücks-Börsianer vom 140 East Broadway, New York, verschwindet an jenem Donnerstag im Oktober 1929, dem Tag des Börsensturzes, den wir in Europa (wegen der Zeitverschiebung) den »Schwarzen Freitag« nennen, spurlos. Niemand hat je wieder von ihm gehört. Nach dem Börsensturz hat man ihn auf dem Broadway gesehen, wie er ein Tickerband mit Börsenkursen betrachtete. Unter disruptiven Umständen blieb er seinem Metier treu. Er brachte sich um. »Und setztest du nicht das Leben ein, so wird es dir nicht gewonnen sein.« Freunde und Angehörige sagen, er habe den Verlust so erheblicher Summen nicht ertragen. Der Verlust habe seine Vernunft angegriffen.

Die Leiche eines Feiglings

Erwin Lewinsky floh nach Verlust seines Vermögens und *des ihm anvertrauten Erbes des Fürsten Jussupow* an einen See in Mecklenburg. Der Leibjäger des Fürsten spürte ihn dort auf und erschoss ihn mit einem Browning-Revolver. Die Leiche warf er in einen Abwasserkanal. Weil ihm der See »für die Leiche des Feiglings« zu schade war.

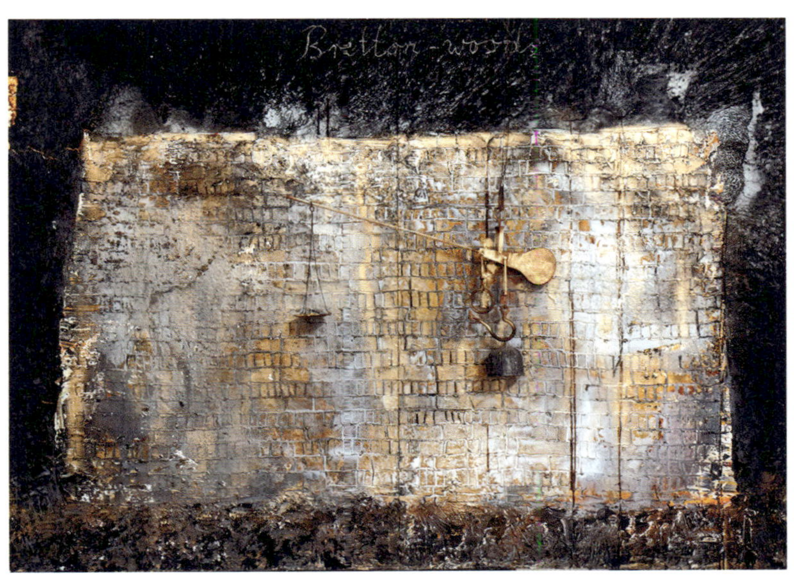

Bretton-woods
2020
Emulsion, Öl, Acryl, Schellack, Metall, Blattgold und Kreide auf Leinwand
280 × 380 cm

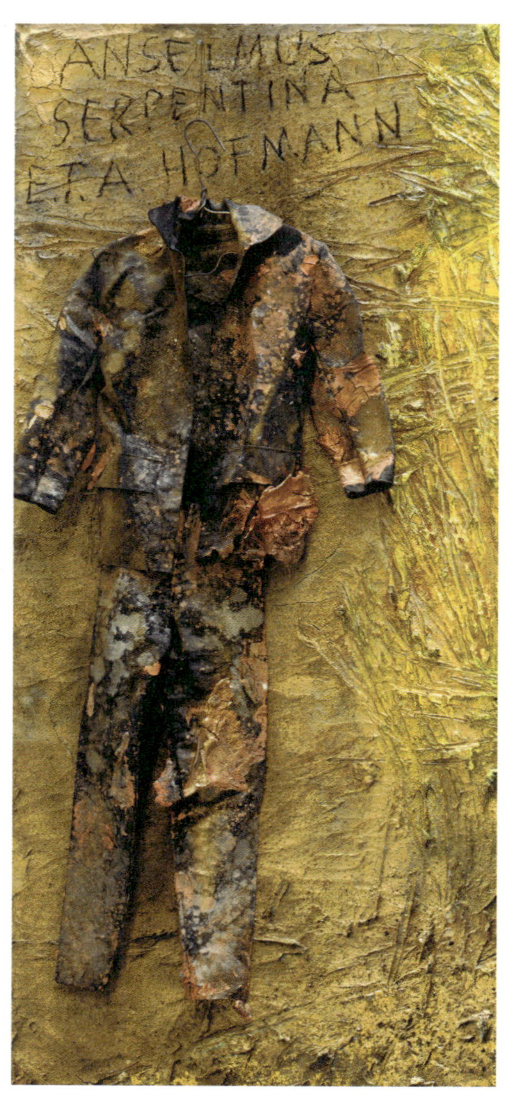

Ausschnitte aus:
Anselmus Serpentina E. T. A. Hoffmann
2020
Emulsion, Öl, Acryl, Schellack, Stoff, Ton und Blattgold auf Leinwand
280 × 380 cm

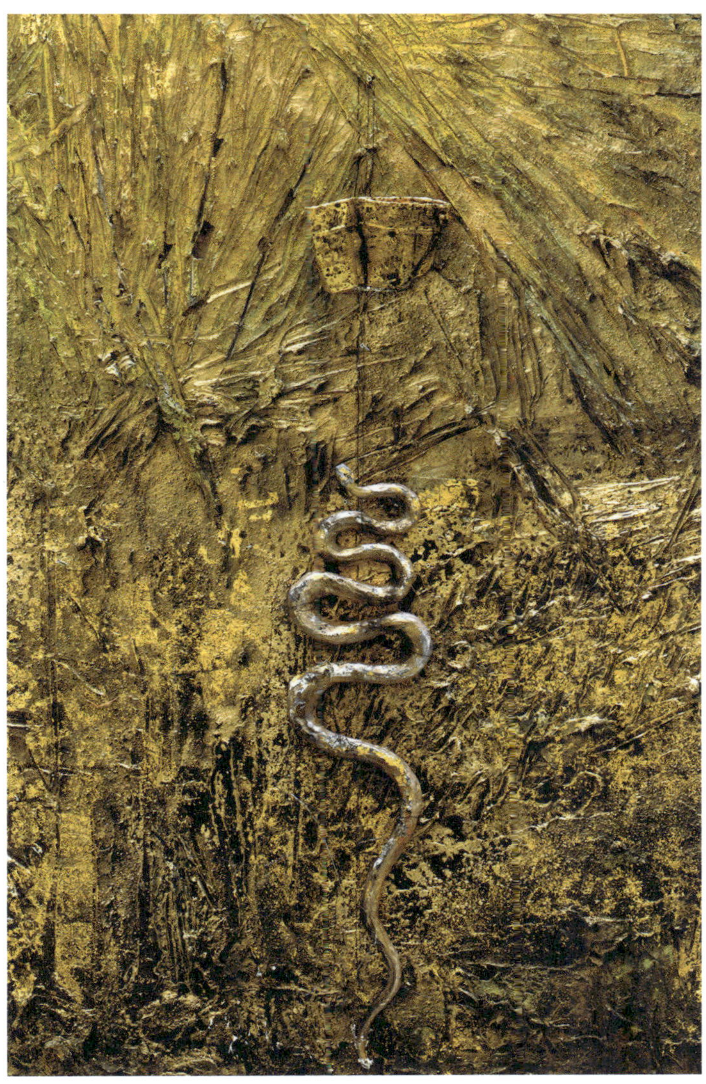

Serpentina ist eine Schlange und zugleich eine junge Frau, die dem Protagonisten in *Der goldne Topf*, Anselmus, durch Verlässlichkeit Glück bringt.

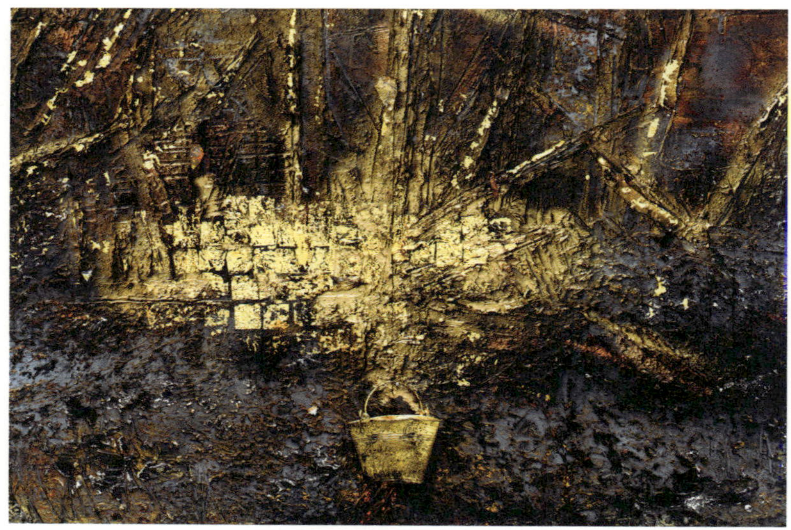

Für E. T. A. Hoffmann: Der goldne Topf (Ausschnitt)
2020
Emulsion, Öl, Acryl, Schellack, Plastik, Metall, Ton, Kreide und Blattgold auf Leinwand
280 × 380 cm

E. T. A. Hoffmann: Der goldne Topf

Anselmus, der Protagonist in Hoffmanns Märchen, hört einen kristallinen Klingelton, als er erstmals in die Augen von Serpentina, einer jungen Schlange, blickt. Es ist sein Auge, durch das er, instantan und auf Dauer verlässlich, sich in diese Schlange verliebt. Seine Seele stürzt in das Auge der Schlange. Dieses Auge ist von einem »ungesehenen Blau«. Es ist nicht das Blau einer der Bewohnerinnen des europäischen Nordens, sondern das Blau der blauen Blume.

Schlange und Mensch sind, dem Mythos nach, durch Verführung und logische Rabulistik verknüpft. Tatsächlich sind Liebes- und Berührungsverhältnisse zwischen einem Menschen und einer Schlange (gleich ob die Schlange männlich oder weiblich, der Mensch weiblich oder männlich ist) eher schwierig. Die Schlange ist ein Glitschtier, vom Menschenkörper oder gar mit Hilfe des Unterleibs eines Menschen schwer zu berühren oder zu umarmen. Anselmus könnte Serpentina anfassen, wenn sie auf seinem Schoß liegt. Nicht aber, wenn die Schlange, schneller, als er greifen kann, im Gebüsch verschwindet, was der Art der Schlangen entspricht, die Fluchttiere sind.

Es zeigt sich im Märchen vom Goldtopf, dass alle Personen, vielfach auch die Dinge, in jedem Fall aber »die verschiedenen Umstände« sich in permanenter Transmutation befinden. Sie verändern sich. Metamorphose ist, so E. T. A. Hoffmann, in fast allen seiner Erzählungen das Grundgesetz der Realität. Es stellt sich heraus, dass Serpentina eine der drei Schlangentöchter des Archivars und Zauberers Lindquist ist. So erscheint sie Anselmus wenig später als Frau. Ihre Verwandlung ist nicht ungewöhnlich, wenn der Vater, ein Forscher und Beamter, ein Salamander ist (Salamander = Feuergeist).

Bei allen Veränderungen ihrer Gestalt ist Serpentina getreu. Sie ist »sich selbst getreu«, indem sie getreu bleibt in allen Wechseln der Gestalt. Am Ende finden sich Anselmus und Serpentina wieder als Rittergutsbesitzer auf der sagenhaften Insel Atlantis. Es ist eine besondere Beharrlichkeit, wenn Menschen wie Schiffe durch Stürme und Verwandlungen sich bewegen. Spirituell und materiell. Sie halten zueinander. Sie halten quasi wie auf einem Floß, über das die Wellenberge schwappen, sich an der Hand und halten sich fest an einigen der Nägel im Holz.

Der GOLDTOPF ist ein Behälter, in dem Männer, die Fehler gemacht haben, gefangen gehalten werden. Sie haben auf Originaldokumenten, die sie kopieren sollten, Kopiertinte verkleckert. Sie sind, auch wenn sie das nicht wollten, Fälscher. Sie warten in Gläsern und Flaschen in einem Regal des Zauberers Lindquist auf künftigen Einsatz.

Die Schlange ist das Tier des Asklepios, eines Göttersohns, der wie sein Vater Arzt wurde und früh starb. Die Heilkunst ist bei diesem Sohne des Apoll, aber auch bei großen Ärzten wie Avicenna und Maimonides, die höchste aller Künste. Die ärztliche Kunst geht den klassischen sieben Künsten, einschließlich der Logik und der Rhetorik, aber auch jeder Malkunst, allen Texten und selbst der Musik, voraus. Diese Kunst lässt sich nicht »beherrschen«. Sie ist ein Gottesgeschenk, rebellisch ihrer Natur nach, widerborstig, bei kentaurischen Ärzten wie Chiron: das Pferd ohne Sattel und Zügel.

Alle Erzählungen von E. T. A. Hoffmann sind spitzfindig. Der Archivar Lindquist, Dienstherr von Anselmus, hat seinem Eleven Dokumente zum Kopieren gegeben, deren Inhalt Anselmus nicht versteht. Er muss sie auswendig lernen, damit er in seinen Umschriften keine Fehler macht. Wie alle anderen Kopierer darf er nicht kleckern. Als das dennoch passiert, wird er, wie alle anderen, in eine Kristallflasche gezaubert und lebenslänglich in ein Regal gestellt. Während dieser Gefangenschaft in der Flasche, einer Art Winterschlaf, isst er nichts, trinkt er nichts, hat weder Kreislauf noch Verdauung. Seine Lebendigkeit ist angehalten. Sie wird gestaut. Entzaubert wird er durch Serpentina, welche die Flasche umwirft, dass sie auf dem Boden zersplittert.

In der Königlichen Oper der preußischen Hauptstadt fand 1816 – im Jahr nach der Verbannung Napoleons auf die wasserumwogte Insel St. Helena – die Premiere von *Undine*, E. T. A. Hoffmanns Zauberoper in drei Akten, statt. Eine junge Frau mit dem Unterleib eines Fisches zieht einen jungen Mann in ihr Wasserreich. Es ist die Geschichte vom Goldtopf, lediglich ins Amphibische, ins Doppelelement von Wasser und Erde, versetzt. Kein Publikumserfolg, aber ein unentbehrliches Werk der Operngeschichte. E. T. A. Hoffmann ist der einzige Dichter, den ich kenne, der zugleich vollwertiger Opernkomponist ist.

Die Romantik als zweite Aufklärung

Anselm Kiefer ist von vielen Beobachtern in einigen seiner Impulse und Motive mit Caspar David Friedrich verglichen worden. Friedrich war Romantiker und gehörte einer Generation an, die den rhetorischen Gestus der Aufklärung des 18. Jahrhunderts vehement ablehnte. Einige von ihnen empfanden Entsetzen darüber, dass die affirmativen Äußerungen an gutem Willen aus der Vernunftphilosophie mit maßlosen Moralisierungen der menschlichen Natur einhergingen. Dass auf die Zugehörigkeit zu einer abweichenden Fraktionierung in Frankreich die Todesstrafe (Guillotine) stand, vollstreckt in den unbewaffneten Nacken des politischen Gegners, schien ihnen unerträglich. So definierten sich die Romantiker als GEGENAUFKLÄRUNG.

Tatsächlich – so Walter Benjamin – sind einige dieser Romantiker zugleich gründliche Nacharbeiter und Praktiker des »Prozesses der Aufklärung«. Novalis, der als Erfinder der »blauen Blume der Romantik« zu deren Poeten gehört, war – wie viele Aufklärer – auch Kameralist und Bergwerksdirektor. Er faszinierte sich für Poetik *und* für Wissenschaft. Ein Romantiker allerdings würde für das Projekt, das Licht der Vernunft in der Welt einzupflanzen, einen extrem langen Zeitraum einfordern. In dieser Perspektive ist es nicht abwegig, die Romantik – anders als sie sich selbst definierte – als eine Zweite Welle der Aufklärung in Mitteleuropa zu deuten: mit den Idealen der Gründlichkeit und des Wühlens in der Tiefe. So graben die Brüder Grimm, beides Romantiker, in den Märchen, aber auch im Wortschatz der deutschen Sprache. So rufe ich nachts Gottfried Benn, Robert Musil, Friederike Mayröcker, Marcel Proust, James Joyce, Arno Schmidt und – ohne Pause zu machen – Alban Berg, Anton von Webern, Luigi Nono, John Cage, Bob Dylan heran (und 88 andere) als Dritte Welle nachfolgend und weiterarbeitend an den Projekten der Romantik als Eideshelfer.

Wortfeld TREUE im *Idiotikon*, dem Wörterbuch der schweizerdeutschen Sprache

trüwheit = trüw
»Da die Treuheit war gebohren /
flog sey in ein Jegerhoren /
der Jeger bließ es in den Wind …«

»Mein treüwes Hertz verspringt uß Leidt /
ach, ach, wie groß ist Untrüwheit (Treulosigkeit)«

»O we, wie weiden die pfaffen ire scheffly; als trülich als die metzger ire kalber weiden, wenn si s am osteraben in die metzg füeren an das messer und inen den halß abstechen und si töden, als trülich weiden si ire undertonen.« 1522

Hunds-trüwi = vorgetäuschte Treue
(ein Hund täuscht Treue svor)

»Wän der bluetgierig Chrieg wet cho, wet alls ne, so wetta wir cus so trüli wehre und ihn niena dura lah.« A. KORNHOFFER 1656

Kommentar:
In Treue sich wehren. Das bedeutet angesichts des blutgierigen Kriegs, dass wir nicht dulden, »dass er lange währt«. Niemals darf er lange währen.
trüwlich = unverbrüchlich, getreu

Deutsches Wörterbuch **von Jakob und Wilhelm Grimm (DWB) zum Eintrag GETREU**

Aus dem Substantiv TREUE, triuwa, stammen das Verb SICH GETRAUEN und das Adjektiv GETREU.

Kommentar:

Sich getrauen heißt: wagen, Mut haben. »Habe Mut, dich deines eigenen Verstandes zu bedienen.« Das ist nach Kant der Leitspruch der Aufklärung. So ist Klugheit nicht bloß Schlauheit, sondern eine Kunst. Die Kunst, Unterschiede zu machen. Die Kunst, kontrafaktisch zu sein: sich zu trauen, unter widrigen Umständen derselbe zu bleiben. So ist das SICH GETRAUEN eine Ableitung der Selbstachtung und des Wagemuts: »Ich traue es mir zu, mir selbst treu zu bleiben.«

Beispiel für einen »Maulwurf«

Der Tunnel- und Maulwurfsforscher Detlev Friederichs nennt 168 Maulwurfsarten. Alle tunneln sie in Richtung eines Lichtes. Friederichs war Assistent des Dissidenten Bahro. Sein Meister musste die DDR verlassen. Er, um sich zu retten, nach 27 Disziplinarverfahren, trat in die Dienste der Stasi (Auslandsdienst). Ein solcher »Kundschafter des Volkes« hat in den Nachmittagsstunden viel Zeit. Die nutzte Friederichs für seine Forschungen. Er hielt durch bis Dezember 1989. 7000 Seiten Notizen aus seinem Bleistift verwahrt das Stasi-Unterlagen-Archiv unter der Bezeichnung »Vermischtes«. Er gehört weder in ein System, noch bildet er »Widerstand«. Eben: er ist maulwurfsartig …

Anweisungen für einen Maler aus dem Geiste Till Eulenspiegels

»Simplicissimus sahe einen mahler die trew (»treue«) in gestalt eines weibsbildes mahlen und neben sie einen hund als dasz getreweste (»getreueste«) thier. zu dem sagte Simplicissimus er solle ihr viel mehr kopff und kleydung voller läuse mahlen, dann selbige wäre so gretrew (»getreu«), dass sie sich auch mit einem hencken ließen.«
(Grimmelshausen, *Ewig währender Kalender*)

STATION 2

Das Flüsterhaus / Anselm Kiefers Bilder begleiten Maurice Genevoix in das Pantheon, die Gedenkstätte der Unsterblichen / »Paul Celan gewidmet«

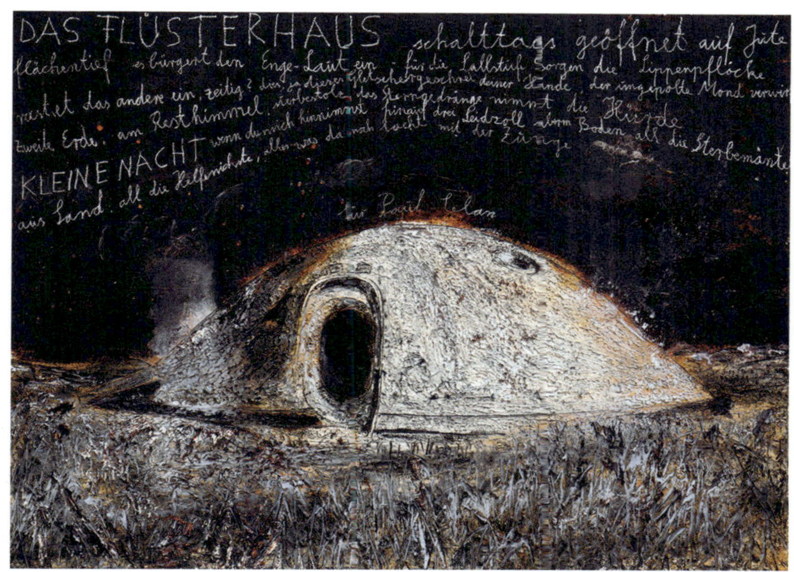

Das Flüsterhaus – für Paul Celan
2021
Emulsion, Öl, Acryl, Schellack und Kreide auf Leinwand
280 × 380 cm

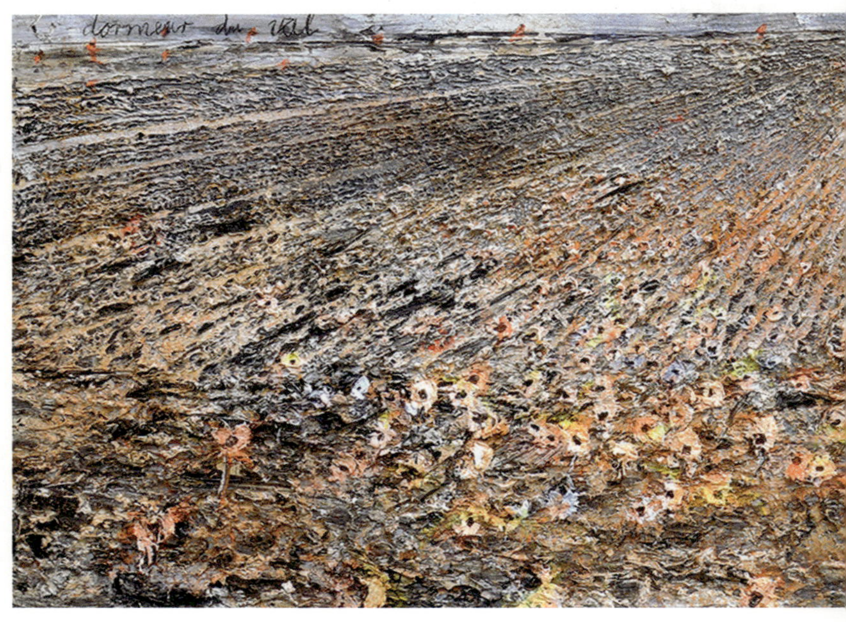

Le Dormeur du Val
(Der Schläfer im Tal)
2010
Öl, Acryl, Emulsion auf Leinwand
190 × 560 × 10 cm

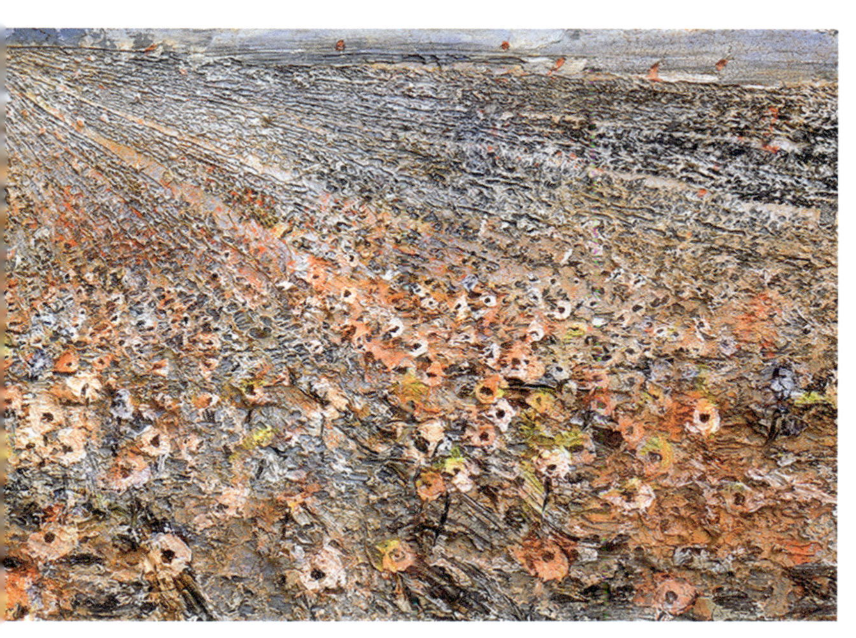

Der Schläfer im Tal

»Ein grünes Loch, in dem ein Flüsschen singt … /
Ein kleines Tal ist's, das von Strahlen schäumt.
Ein junger Krieger, barhaupt und mit offenem Munde, / …
Schläft …
Er schläft … / Er hat zwei rote Löcher in der rechten Seite.«

Kommentar:

Arthur Rimbaud schrieb das Gedicht im Oktober 1870. Die Truppen Preußens und der deutschen Staaten rückten in Frankreich vor. In dem Gedicht ruft Rimbaud die Natur an. Sie soll den Toten warm und weich wiegen wie ein krankes Kind, »ihn friert«.

Rimbauds Bild hat Anselm Kiefer immer wieder gemalt. Es bewegt, weil es den Gegenpol zu jeglichem »Schlachtenporno« bildet. Die bloße photographische Abbildung des Kriegs hatte eine affirmative, eine im falschen Sinne objektive Wirkung. Es gibt den Ausdruck des Unglaubens auf der subjektiven Seite des Betrachters. Dessen Emotion will keine Vertiefung bloß in den Schrecken, sondern dessen Ende. Nur menschliche Wünsche, nur die Lebendigkeiten, »das Schäumen des Nichts in der Natur«, können die Fatalität »aussichtsloser Gewalt« je mindern. Das kann nicht in der Einbildung, das muss in der Praxis geschehen. Das Bild betrifft den Krieg von 1870/71. Es könnte auch andere Kriege betreffen, wie den Ersten Weltkrieg. Es ist das notwendige Gegenbild zu allen in der aktuellen Presse enthaltenen Bildern, die sich auf die Artillerieschlachten um Verdun und an der Somme beziehen. Aktualität täuscht.

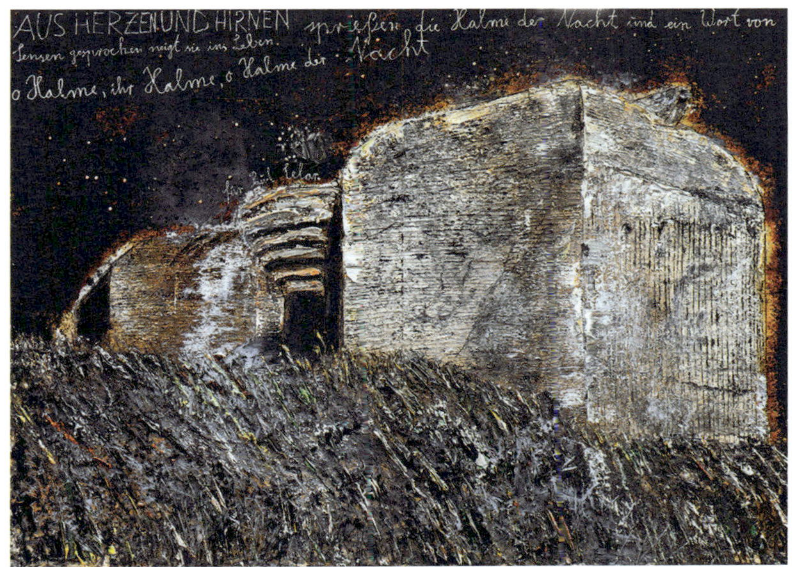

Aus Herzen und Hirnen
2021
Emulsion, Öl, Acryl, Schellack und Kreide auf Leinwand
280 × 380 cm

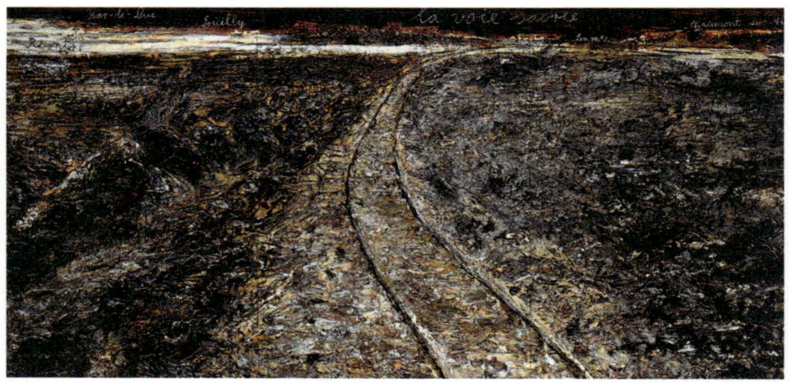

La Voie sacrée
2021
Emulsion, Öl, Acryl, Schellack, Kreide und Kohle auf Leinwand
280 × 570 cm

La Voie sacrée

Pathos und patriotische Empathie stecken in den historischen Photographien, die den Versorgungsweg der Festung Verdun mit dem Hinterland Frankreichs darstellen. In dem Bild von Anselm Kiefer ist ein patriotisches Propagandabild Frankreichs von 1916 – eines Frankreichs, das 26 Jahre später Juden auslieferte – assoziiert mit dem Schienenweg, der 1942 zum Transport in die Vernichtungslager diente.

Der lange Atem der Verirrung / »Die Geschichte als Schlachtbank« / Das Ausmaß der Herausforderung

Man könnte die Periode von 1914 bis 1945 als eine einheitliche Periode beschreiben, mit Unterbrechungen durch einen Waffenstillstand. Das wäre dann im Verhältnis von Deutschland und Frankreich ein dreißigjähriger Krieg. Man könnte ihn heute, wenn man durch das Elsass fährt, dort übernachtet, in einem Restaurant isst – nach dem Schengener Abkommen ohne Grenzkontrollen – nicht mehr verstehen. Man könnte den Kindern oder Enkeln den Alptraum nicht beschreiben und was daran »real« war. Inzwischen sehen wir uns verstrickt in einen frischen Konflikt zwischen europäischen Ländern und Russland im weiten Osten. Auch dieser Krieg könnte zu einem dreißigjährigen Krieg werden, einem unentscheidbaren Dauerkonflikt …

Das waren meine Gedanken, als Macron entschied, dass ein deutscher Maler einen französischen Dichter in das Pantheon begleitet. Mir fällt dabei auf, wie wenig Chance bestand, dass nach 1918 in Deutschland und in Frankreich der Zivilisationsbruch von 1914 aufgearbeitet werden konnte. In Deutschland verhinderte die Demütigung des »Friedensdiktats von Versailles« und in Frankreich die vorübergehende Vollständigkeit der Rache, der »Sieg im *guerre juste*«, dem Krieg der Gerechten, die konkrete und öffentliche Bearbeitung der bitteren Erfahrung.

Die Maginot-Linie, die Frankreich wie einen Panzer vor künftigen Gefahren aus dem Osten sichern sollte, war zugleich die Abwehrschranke gegenüber der Erforschung der »inneren Gewissheiten«. Für die Deutschen war die »propagandistisch und von Hetzergruppen instrumentalisierte Emotion« durch die Kapitulation Frankreichs im Jahr 1940 wie verpufft. Die Ausweitung des Kriegs nach Osten und über den Atlantik hinweg überlagerte als zweite Wirklichkeit die Erinnerung, wie Gesteinsschichten, die übereinanderliegen. Nach 1945 dann wurden ganz andere Themen bearbeitet als der Erste Weltkrieg.

Es gehört zu den überraschenden Wirkungen großer Kunst, dass sie Orientierung neu eröffnet. Emblematik, Perspektiven, Grundwasser der Erfahrung treten hervor, gleich, wie alt, wie verlorengegangen die zugrundeliegende Erfahrungsbasis ist. Die Tafelbilder können gar nicht groß genug sein. Sie sind Kunstwerke, aber sie sind auch »Straßenschilder der Erfahrung«.

»Wo das Wort dem Körper fehlt, daß dieser tötet«

Die durchgefrorenen Infanteristen betraten vorsichtig den Wald, einerseits froh, aus den nassen Unterständen, in denen sie eine Woche im Schneesturm gewartet hatten, ins Freie zu treten, andererseits gewärtig, noch vor der Phase, in der die Körper sich im Lauf erwärmen, durch die Brust geschossen zu werden. Kalte Wunden bluten schwach.

Sie hörten auf kein Wort. Die gebrüllten Befehle, in der Ausgangsstellung erteilt, konnte man nicht Worte nennen. Momentan dumpfe Stille. Äste unter den Füßen, stummes Kraut. Kurz darauf setzt der Beschuss wieder ein.

Sie sind von keinem Wort, sondern von einem Aberglauben in Marsch gesetzt. Vom Glauben an die Allmacht der Artillerie. Deren Geräusch ist vor allem zu hören. Sie müssen eine ganze Stunde bis dorthin laufen, wo die Granaten einschlagen. Bis dahin werden Maschinengewehrgarben einige von ihnen zersägen, in Höhe der Schenkel, des Bauches, der Brust oder des Halses.

Der genannte Aberglaube ist Ursache dafür, dass sie in so geringer Zahl ausgesandt wurden. Material soll in die Ferne wirken, nicht sollen zahllose Füße den Wald durcheilen. Befestigte Blockhäuser vor ihnen hat die Geschosswalze übersprungen. Von dort treffen Kugeln die Kompanie. Die Kleingeschosse prallen von den Bäumen ab, treffen tückisch die Seite der im Buschwerk langsam Vorrückenden.

Es fehlt das Wort. Die Leute sind so durchgefroren und durchängstigt, dass sie eine Rotte verwundeter Feinde, die ihnen mit erhobenen Händen entgegengelaufen kommt, mit Bajonetten abstechen, ehe sie noch erkennen, was diese Fremden von ihnen wollten. Noch immer kein Wort. Das fehlende Wort macht, dass ihre Körper geistesabwesend töten. Es ist geschehen, ehe die klammen Sinne überhaupt etwas wahrnehmen.

»Ratschlagend, Herzens wegen; wo bist du, Licht?«

Norbert von Hellingrath, der Wiederentdecker Hölderlins für die Öffentlichkeit des 20. Jahrhunderts, hatte viel unbeschriebenes Papier im Tornister, als er 1916 bei Verdun fiel. Wieso ist Licht »ratschlagend«? Woran zweifelt der helle Strahl und wandelt sich? Wo in den Intervallen des Dunkels befindet sich das zweite Licht, das dem Auge zu sehen verboten ist? Blieb nichts übrig, als dass der großmütige Seher Chiron jeweils in die Dunkelphase des Lichts blickte. Diese Dunkelphase vermochte Apoll nicht zu kontrollieren, gleich, wie hell er seinen Geist machte. Wie mit Geisteskrücken die beiden seherischen Götter, Chiron und Apoll, Rat bewerkstelligen, wenn ein Liebesentschluss Ewigkeit bedeutet.

In Pindars neunter Pythischer Ode besucht Apollon Chiron. Es geht um eine Liebesangelegenheit. Der höfliche Alte mit dem jungen Herzen verweist den allessehenden Lichtgott, wie es ein moderner Psychoanalytiker täte, auf die eigenen Wurzeln zurück. Er sieht doch alles, der Gott! Er muss nur auf das, was er sieht, achten! Apoll war stets zu schnell, auch für die eigenen Entschlüsse.

Rascher noch lag von Hellingrath in der Matschkuhle, sein Leib durchlöchert von Schüssen. Die Schüsse, abgegeben von Leuten, die keine Absicht hatten, gerade ihn zu töten. Das geschah in einem Augenblick, in dem keine Götter hausten. Noch immer ein Vorrat an Begehren in dem Sterbenden. Eine halbe Stunde sprach er vor sich hin, flüsternd.

»Du liegst im großen Gelausche« / Wie sich aus Splittern und Fetzen der Erinnerung ein poetischer Text zusammensetzt / Aus einem Gedicht von Paul Celan zum Tod von Rosa Luxemburg

»Du liegst im großen Gelausche …
geh du zur Spree …
geh zu den Fleischerhaken …

Es kommt der Tisch mit den Gaben /
er biegt um ein Eden …

Der Mann ward zum Sieb, die Frau musste schwimmen …

Der Landwehrkanal wird nicht rauschen.
Nichts
stockt.«

Kommentar:
In der Nacht vom 19. auf den 20. Dezember 1967 in Berlin – das ist das Jahr, in welchem im Juni der Mord an dem Studenten Benno Ohnesorg die Rebellion der Studenten auslöste – fuhren Paul Celan und zwei seiner Begleiter am Landwehrkanal entlang zum Anhalter Bahnhof. Damals lag vor der Ruine des Anhalter Bahnhofs ein großer »Ödplatz«. Schneebedeckt das Gelände. In den Vortagen hatte Celan die Dokumentation *Der Mord an Rosa Luxemburg und Karl Liebknecht* gelesen. Walter Georgi, ein Schweizer, hatte den Dichter am 20. Juli zu der Hinrichtungsstätte Plötzensee geführt. Einige der wegen des Attentats auf Hitler Verurteilten wurden nicht an einem Galgen, sondern an einem Fleischerhaken exekutiert (»geh zu den Fleischerhaken«). Auch führte Georgi Celan zum Weihnachtsmarkt am Funkturm. Es gab dort »einen schwedischen Stand mit einem Adventskranz aus Holz, in den Äpfel und Kerzen gesteckt waren«. In dem Gedicht reimt sich der Vers »geh

zu den Fleischerhaken« auf den Vers »zu den roten Äppelstaken aus Schweden«. Auf Schweden wiederum reimt sich »Es kommt der Tisch mit den Gaben / er biegt um ein Eden«.

Der Garten Eden ist das Synonym für das Paradies. »Jemand um die Ecke bringen«, das heißt *töten*. Man sagt aber umgangssprachlich auch »etwas biegt um eine Ecke«.

Peter Szondi hatte Celan das Appartementhaus Eden in der Budapester Straße gezeigt. Dieser Neubau stand an dem Ort des zerstörten Hotels EDEN von 1919, dem Hauptquartier des Stabs der Garde-Kavallerie-Schützen-Division. In dieses Hotel waren die verhafteten Revolutionäre Rosa Luxemburg und Karl Liebknecht, die Führer des Spartakusbundes, zum Verhör eingeliefert worden. Beim Abtransport wurden sie nicht in ein Gefängnis überführt, sondern von ihren Begleitmannschaften umgebracht. In der Dokumentation sagen die enthemmten Soldaten, die Liebknecht töteten: »Man solle zufrieden sein, dass die Leute um die Ecke gekommen seien, sie hätten der Menschheit geschadet. Dass sie um die Ecke gebracht seien …«. Ein Offizier tritt an einen der Tische, an denen das Mordkommando im Anschluss an die Tat sich mit einem Bierabend stärkt: »Ich ging nun an den Tisch heran und fragte, ob Dr. Liebknecht schon wirklich tot sei, worauf mir von einem der Kameraden zur Antwort gegeben wurde, dass Liebknecht durchlöchert wäre wie ein Sieb.« Eine andere Gruppe, die den Körper der erschossenen Rosa Luxemburg in den Landwehrkanal warf, ebenfalls beim Bier, äußerte: »Die alte Sau schwimmt schon.« Ein Schlager kam in Umlauf: »Es schwimmt eine Leiche im Landwehrkanal«.

»Nichts stockt« bezieht sich auf eine Äußerung von Lucille nach der Hinrichtung ihres Geliebten in Büchners *Dantons Tod*:

»Der Strom des Lebens müsste stocken, wenn nur der eine Tropfen verschüttet würde. Die Erde müsste eine Wunde bekommen von dem Streich. Es regt sich alles, die Uhren gehen, die Glocken schlagen, die Leute laufen, das Wasser rinnt, und so alles weiter bis da, dahin – nein es darf nicht geschehen, nein ich will mich auf den Boden setzen und schreien, dass erschrocken alles stehn bleibt, alles stockt, sich nichts mehr regt.«

Es muss das Versteinerte, das Unverarbeitete und das bloß Photographierte und das Unphotographierte, wieder flüssig werden …

Es müsste möglich sein, dass die Verschränkung von Texten, Bildern, Filmen, Dokumentationen und Poemen: die tausend Splitter und Fragmente, dazu führt, dass Tote auferstehen, dass nichts endgültig wäre, dass der Zeitpfeil in entgegengesetzter Richtung läuft. Nicht das Feststellen und Bestätigen der Tatsachen, sondern die Verlebendigung der Trauer – »unbesiegbare Tränen« – ist die Antwort auf ein Mordgeschehen. Es lässt sich auf keinem einzelnen Bild, vermutlich auch in keinem einzelnen Gedicht, weder in Prosa noch in Musik noch in anderen Sammlungen von Splittern, Fragmenten, verwirklichen. Es fordert die Tunnel, die Nahtstellen, zwischen allen Künsten und Umständen. Die ganze Klugheit der Kunst, um das Verstockte dennoch flüssig zu halten.

Ansichten der Ausstellung »Für Paul Celan« im Grand Palais Éphémère

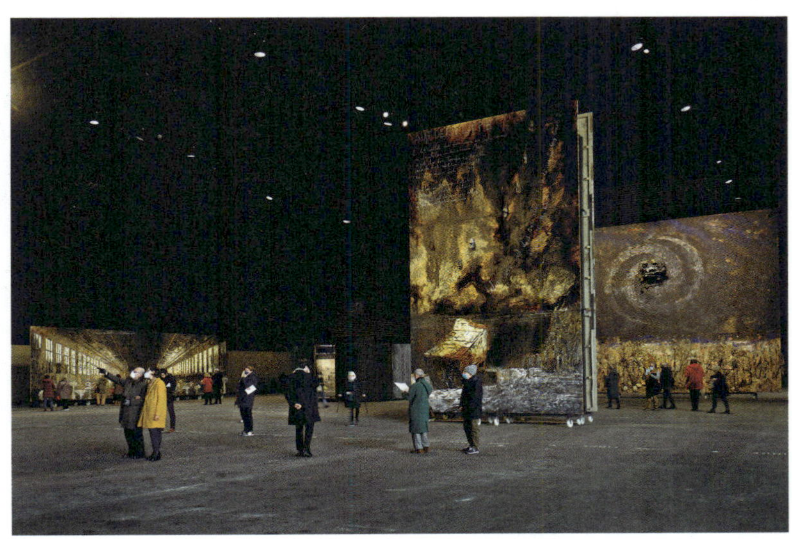

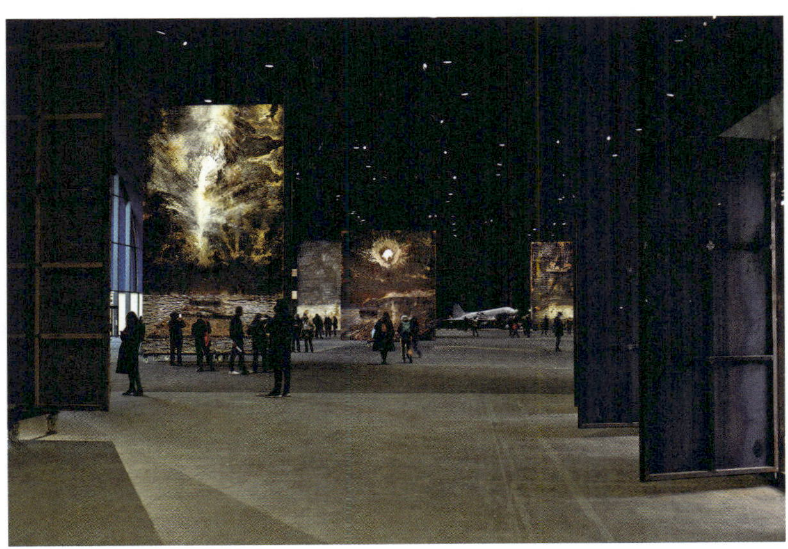

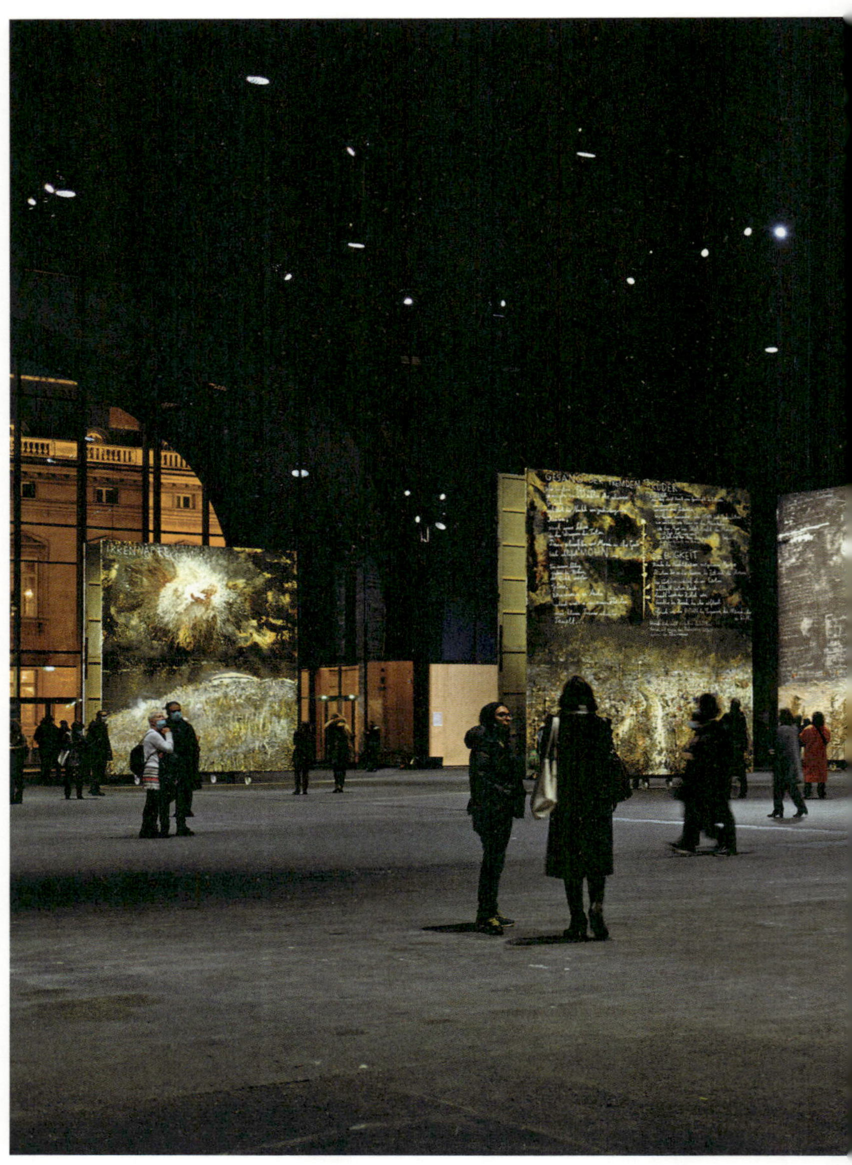

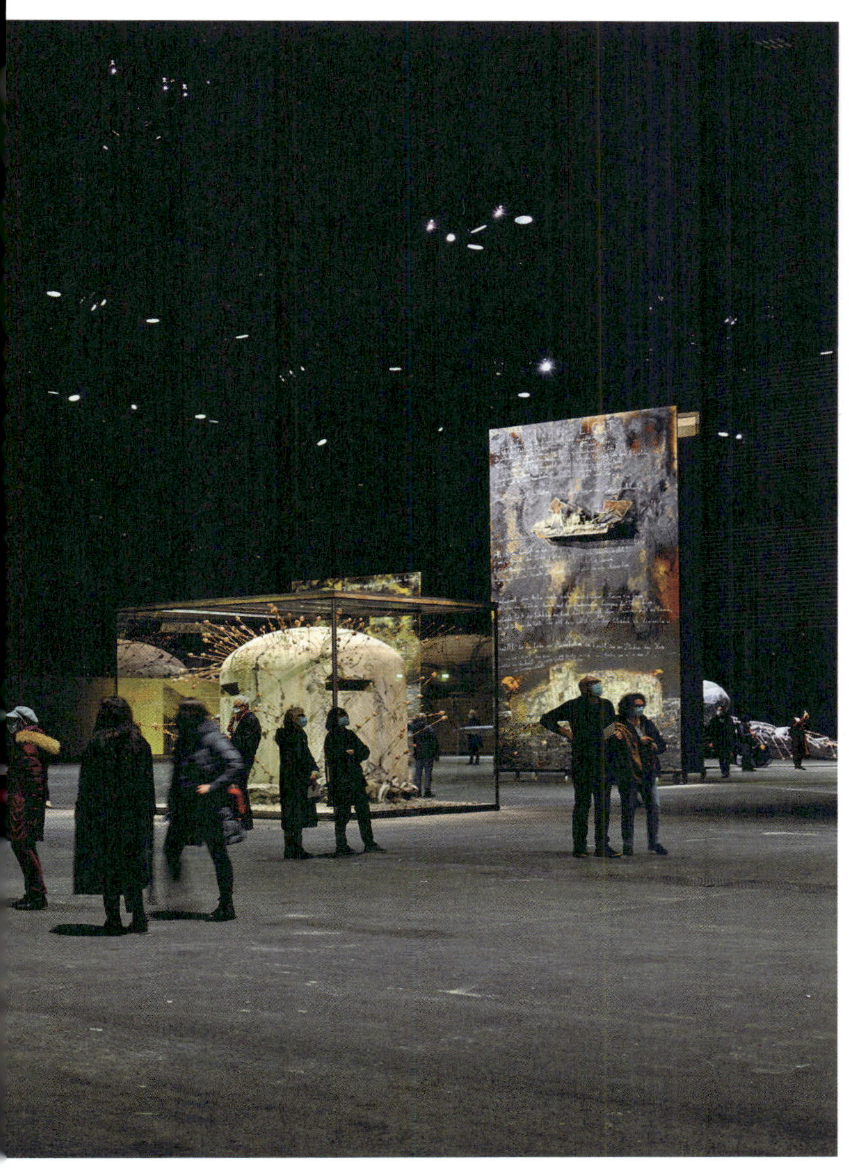

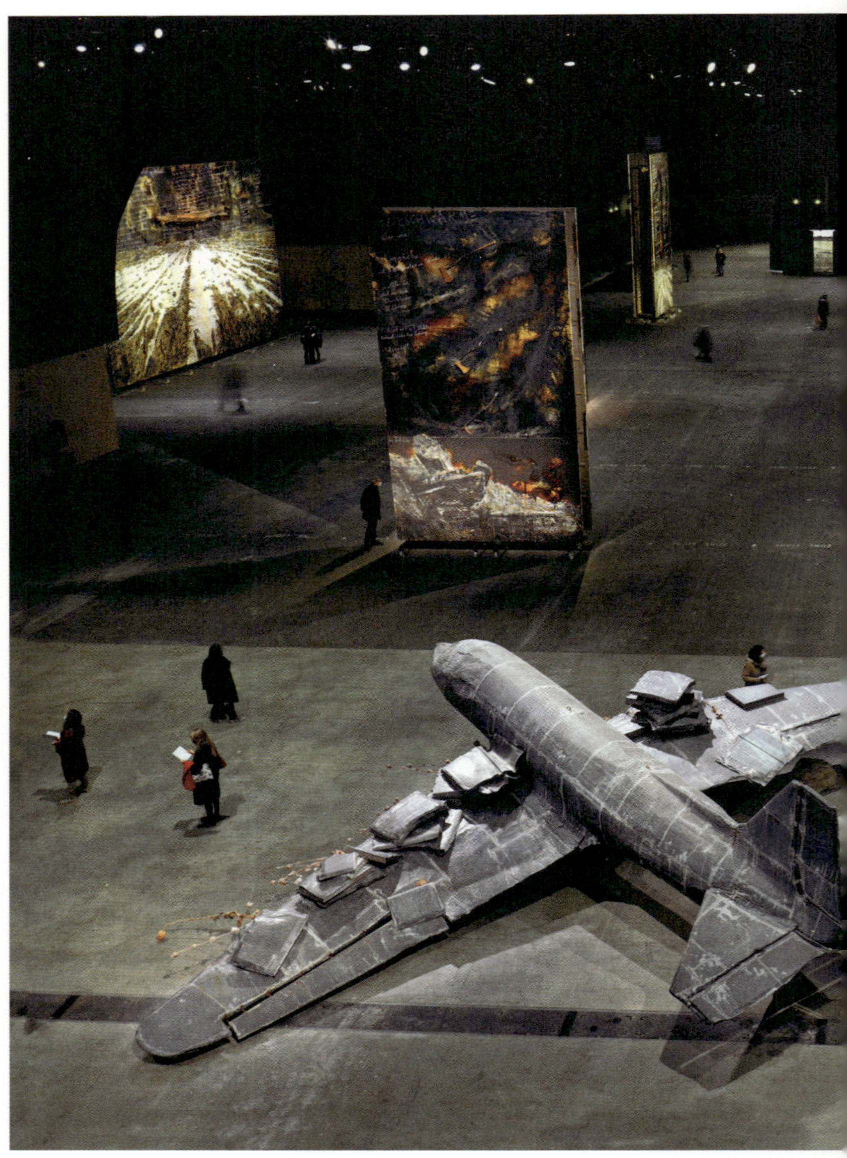

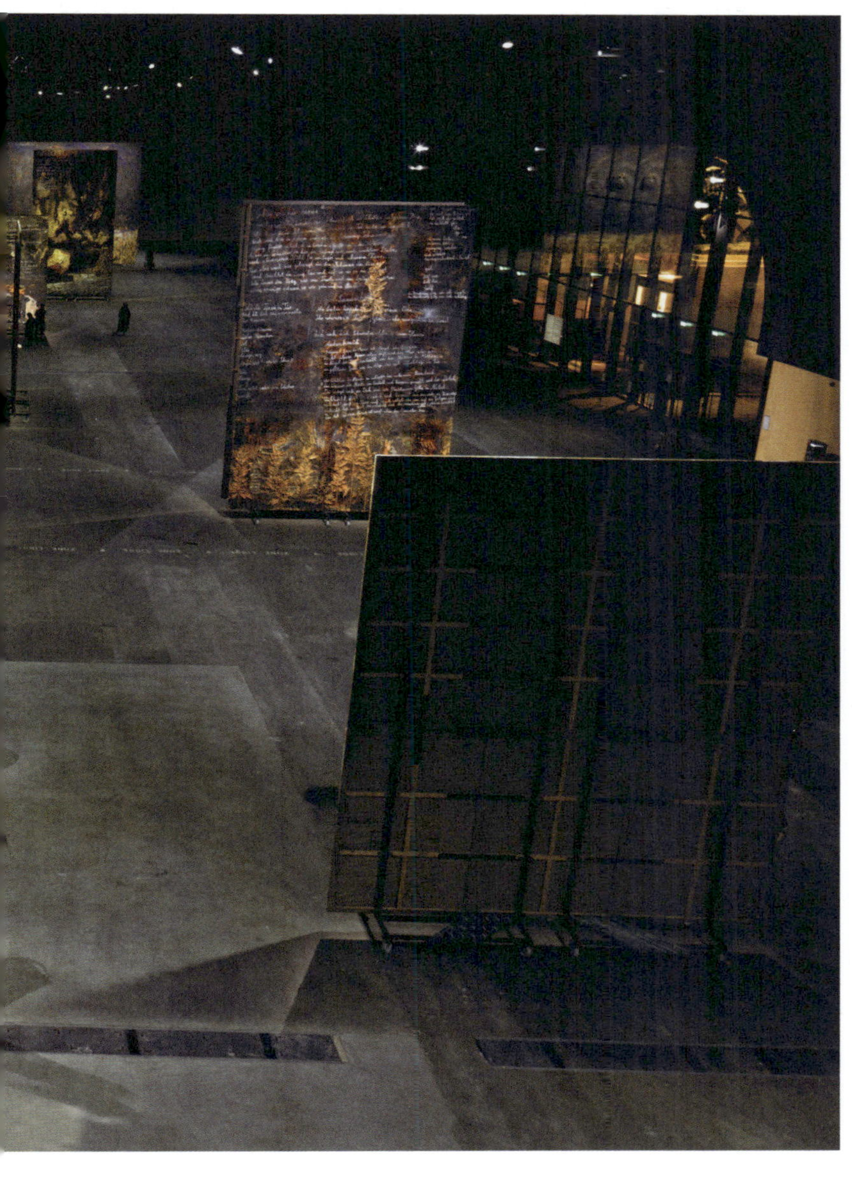

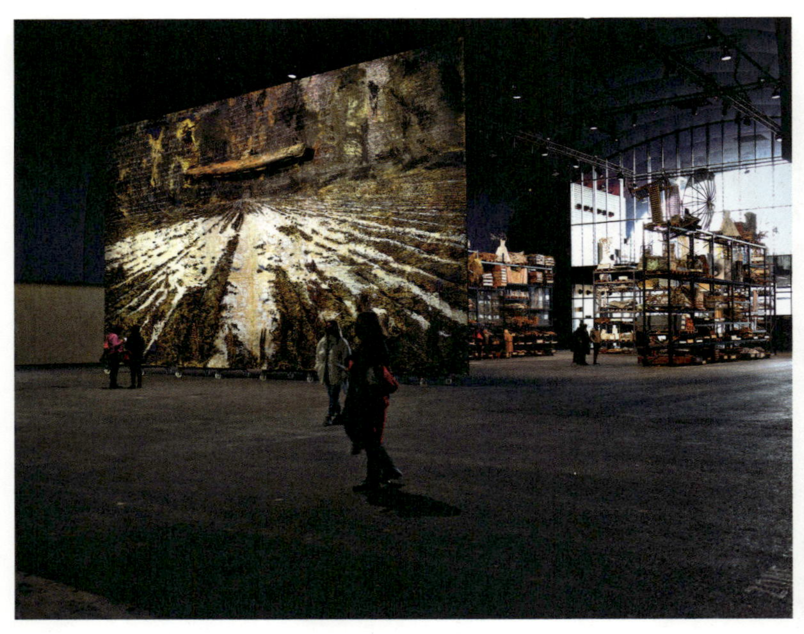

STATION 3

Zwei sehr junge Künste: Die Photographie und der Film

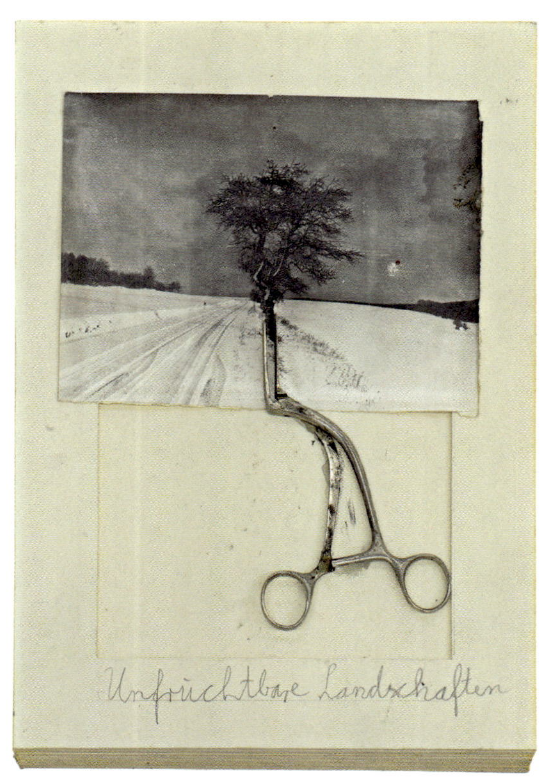

Unfruchtbare Landschaften
1969
Schwarz-Weiß-Photographien, chirurgische Instrumente und Graphit auf gebundenem Karton
36×25×4,5 cm

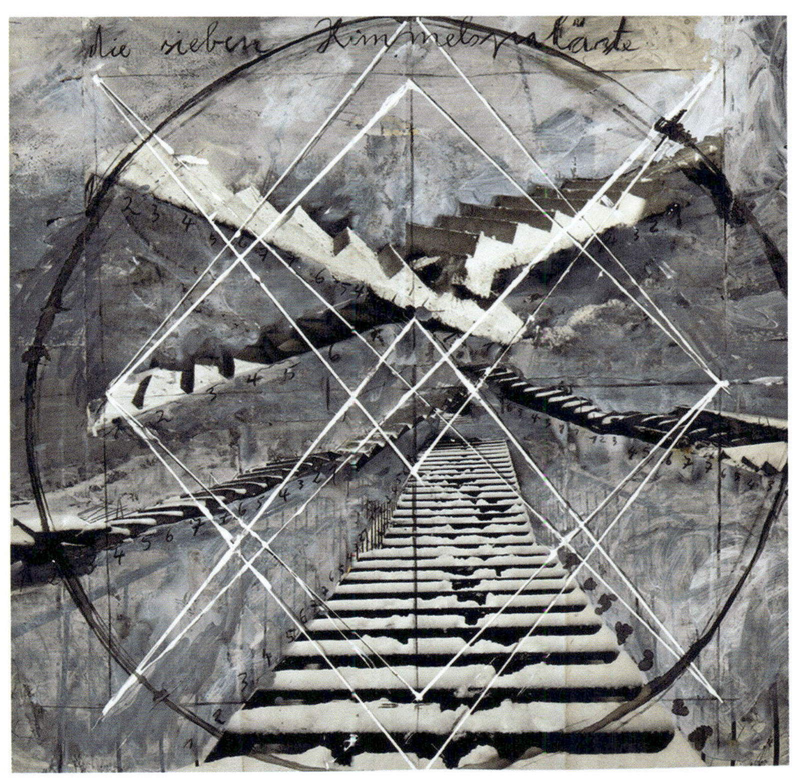

Die sieben Himmelspaläste
2007
Gouache und Kohle auf Schwarz-Weiß-Photographie
108,6 × 113,9 cm

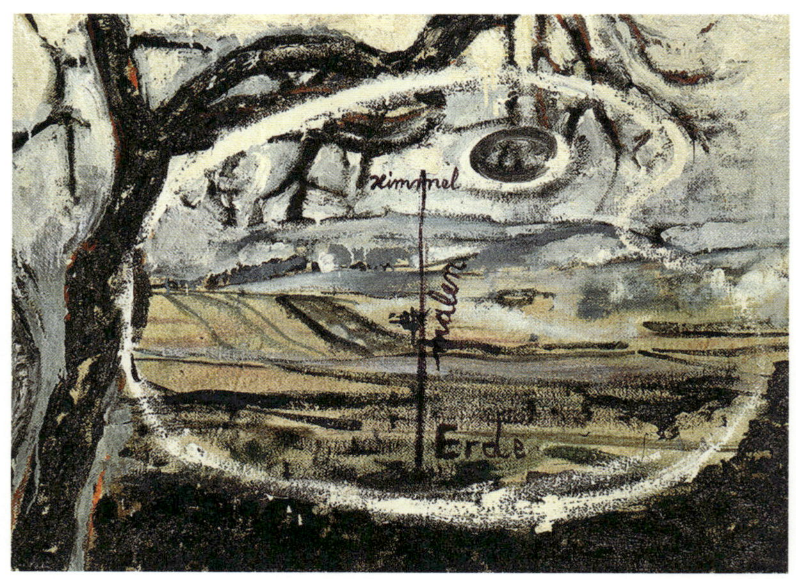

Himmel-Erde
1974
Öl auf Rupfen
70×95 cm

»Du bist ein Künstler, der gern Versuche macht«
Gespräch vom 5. Juli 2023

Alexander Kluge: Wir beginnen mit deiner Ausstellung im Herbst 2023 in Lille. Sie heißt »*La Photographie au commencement*«. Die Photographie am Anfang.

Anselm Kiefer: Das hat der Kurator Jean de Loisy so genannt. Er spielt an auf die frühesten meiner Bilder, die ich anerkenne. Das waren Photographien, genannt *Besetzungen*. Aber die Photographie ist überhaupt ein Neuanfang. Die Bilder in der Höhle bei Barjac sind 30000 Jahre alt. Wenn man sie vergleicht mit Lascaux, sind sie älter, aber sie sind fortgeschrittener, moderner. Die Evolution in der Kunstgeschichte schreitet nicht voran wie ein Menschenleben zwischen Geburt und Tod oder die Geschichte der Technik, die linear vorwärtsstrebt. Es geht vorwärts und rückwärts. Die Natur experimentiert. Und das tut die Kunst auch. Für ganz junge Künste wie den Film und die Photographie gelten andere Gesetze als für die älteren.

Kluge: Du bist ein Künstler, der gern Versuche macht. Du kommst mir vor wie eine Fledermaus, die Töne an die Wand wirft. Dann kommt das Echo zurück und daran orientiert sie sich. Sie fliegt im Dunkeln.

Kiefer: Das Bild der Fledermaus ist gut. Sie fliegt ja nicht mit den Augen. Es ist etwas tief im Kopf und im Körper, mit dem sie Orientierung sucht. Der Ausdruck dafür heißt: Echolokation. Sie wirft Töne in den Raum. Aus den Antworten aus der Umwelt lernt sie. Es geht nicht um Versuch und Irrtum, sondern um Versuch und Rückantwort. Das Bild mit der Fledermaus gefällt mir.

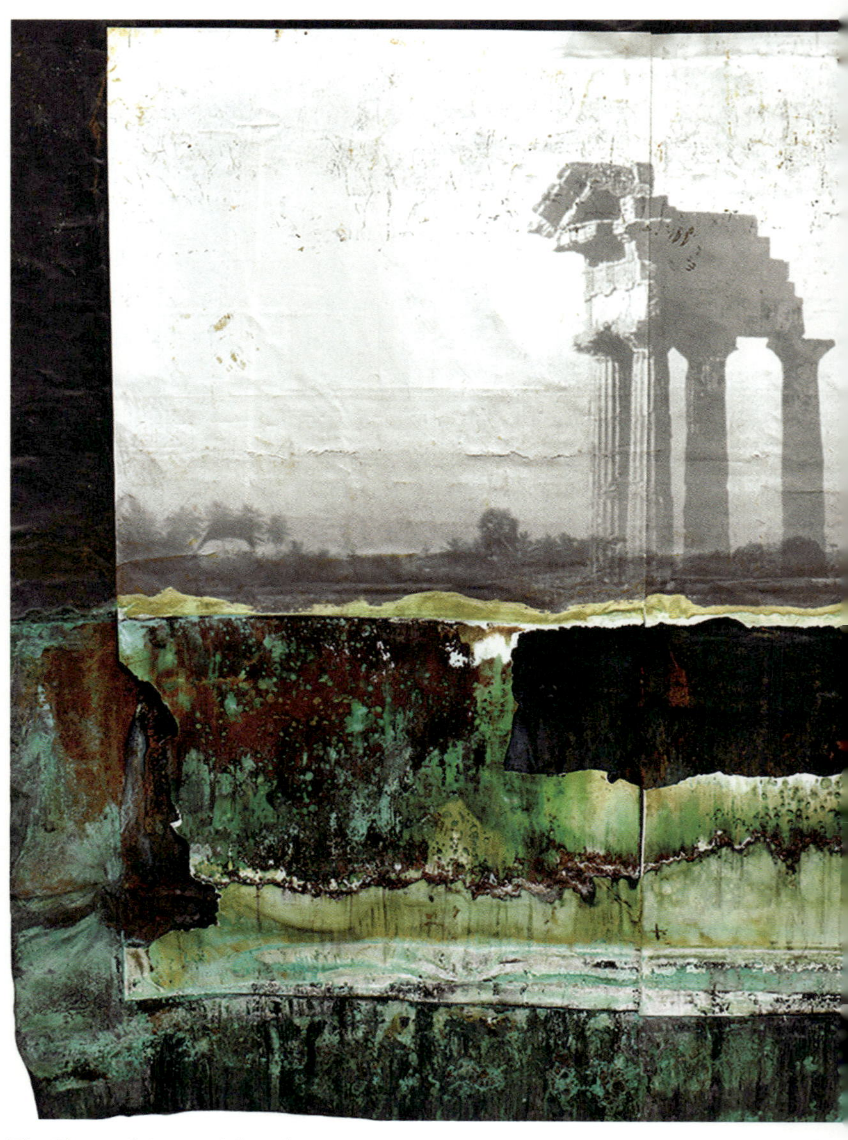

The Shape of Ancient Thought
2012-2023
Photographie und Elektrolyse-Sediment auf Blei
307 × 440 × 4 cm

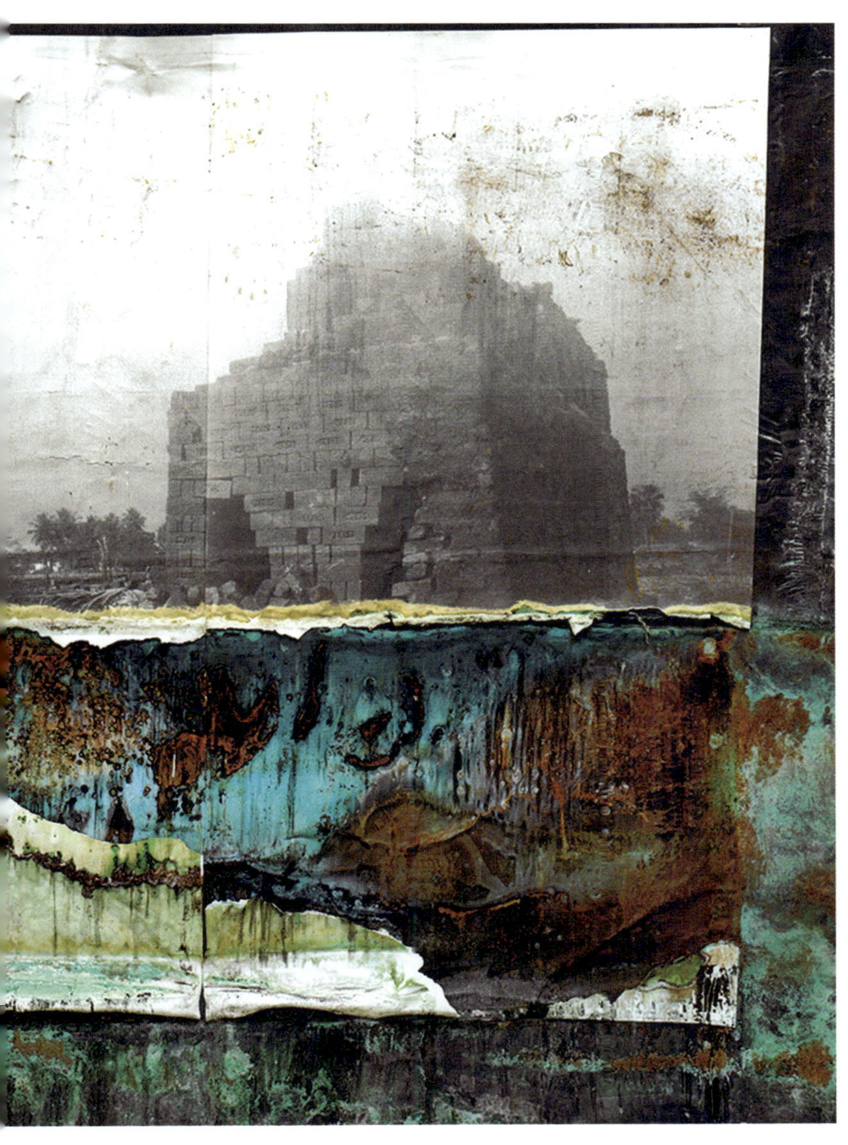

»The Shape of Ancient Thought«

Kluge: Für diese Photographie hast du Blei und Elektrolyte verwendet. Man sieht einen antiken Tempel, aber auf der rechten Seite einen offenbar noch älteren Bau. Ist der babylonisch oder römisch? Es sieht aus wie eine Zikkurat, ein Ziegelbau aus der Zeit von Uruk.

Kiefer: Das sieht so aus. Tatsächlich war es eine Ziegelfabrik. Ich war ja in Indien, in China übrigens auch. Im Sinn hatte ich das amerikanische Buch eines Freundes, der darin beweist, dass vom fünften Jahrhundert vor Christus an die Griechen mit den Indern Kontakt hatten. Ich habe dann diese Ziegelfabrik in Indien photographiert. Die setzen die getrockneten Steine aus Lehm aufeinander, machen Feuer. Später machen sie die Steine weg. Ich habe die Photos dieser Ziegeleien mit griechischen Tempeln in der Photomontage verbunden. Immer im Gedanken, dass in der Antike die Inder und die Griechen Kontakt hatten. Das ist die Zeitperspektive, von der das Bild handelt.

Kluge: Das ist tausendfach entfernt vom Abbildrealismus. Es ist eigentlich ein magisches Bild. Und das Photo hast du hier unten offenbar mit Blei und Elektrolyten angezündet.

Kiefer: Ich habe das Photo auf Blei geklebt, und dann habe ich das ins Wasser getaucht, ins elektrolytische Wasser. Das hat das Papier angefressen und diese Form hinterlassen.

Kluge: Ein Künstler ist immer auch *artiste démolisseur*. Er zerstört etwas und gerade dadurch gewinnt er das authentische Bild.

Kiefer: Sicher. Ein Künstler ist auch Ikonoklast. Etwas wird zerstört und dadurch steht etwas wieder auf – wie ein Phönix –, das es vorher nicht gab. Das mache ich ja mein Leben lang. Die Idee, die Elektrolyse zu verwenden, war gut. Sie verändert ein Material, auch eine Photographie, in unerwarteter Weise.

Kluge: Alles das kommentiert den Satz: Die Photographie steht am Anfang. Sie ist noch nicht entfaltet. Ich bestätige das für mein Metier, den Film. Ich finde übrigens die frühen Bilder in der Photographie durchweg schöner, also Photographie von 1840, als das Meiste, was ich heute sehe.

Kiefer: Weil wir statisch sein müssen, wenn wir photographiert werden.

Kluge: Dieses Photo »The Shape of Ancient Thought« ist in deiner Ausstellung mein liebstes. Ohne Pinsel, aber mit Blei und Elektrolyten hergestellt. Mit allem, was ein Alchemist zur Verfügung hat.

Kiefer: Mit starkem Strom. Das sind dicke Kabel. Man kann mit der Hand hinlangen, aber der Strom ist enorm. Man spürt einen heftigen Schlag.

»Die Gründe, warum du etwas malst und etwas machst, was hinterher so aussieht wie das Bild auf der Leinwand, sind nicht unbedingt im Bild zu sehen …«

Kiefer: Das Konzept wandelt sich ständig. Auch die Motivation. Es gibt Momente, in denen ich nur aus meiner Willenskraft heraus weitermale. Ich sehe kein Ergebnis. Ich mache aber weiter. Am Ende ist das Bild entstanden.

Kluge: Und in der Fußsohle bildet sich der Gedanke?

Kiefer: (lacht) Das kann auch zwei oder drei Tage dauern.

Kluge: Verwirfst du Bilder?

Kiefer: Einige landen im Container. Manche davon hole ich wieder raus oder ich tue sie in die Elektrolyse.

Eine Photographie, zehn Meter lang und drei Meter hoch: Der Rhein

Kluge: Auch hier sehe ich Elektrolyse und Blei.

Kiefer: Das ist der Rhein. Warum ich das gemalt habe? Man hat mich gebeten, für eine Ausstellung im Louvre den Eingangsraum zu gestalten. Der war halbrund. Und dafür habe ich Rheinbilder gemalt. Dieses große Photo hier war auch in der Elektrolyse. »Deutschlands Fluss, doch nicht Deutschlands Grenze«. Der Rhein war ganz nah an unserem Haus. Als Junge bin ich andauernd zum Ufer dieses mächtigen Stroms gegangen.

Kluge: Auch Hölderlin schreibt über den Rhein.

Kiefer: Hölderlin war der Ansicht, dass der Rhein ursprünglich wie die Donau ins Schwarze Meer geflossen sei. Später hat er die Richtung geändert und führt jetzt nach Norden. Davon handelt Hölderlins großes Gedicht. Die Elektrolyse berührt bei mir das Wasser vom Rhein.

Kluge: So wie das Bett des Phönix eine ganze Menge Feuer braucht, damit der Phönix sich wieder erhebt.

Kiefer: Die Elektrolyse könnte man im Rhein auch real veranstalten. Es besteht die Gefahr, dass die Schiffe sterben.

Kluge: Du sprichst vom Rhein, als wäre es eine Person, ein Lebewesen.

Kiefer: Es ist eine umkämpfte Person.

Der Strom der Gene am Rhein

In der Nacht, welche auf die Beerdigung von Peter Schamoni folgte, entwarf der Filmemacher Edgar Reitz das Projekt »Heimat 5: Der Rheinstrom«. Auf sieben Stunden Vorführzeit war der Film geplant. Im Gegensatz zur HEIMATTRILOGIE und zu dem Projekt »Heimat 4: Die Auswanderer« ist nicht mehr die Ortschaft Morbach im Hunsrück (im Film Schabbach) der Ausgangspunkt. Zentrum der Handlung ist die »Völkermühle Rhein«. Fährt man nämlich von Morbach dort los, wo es konsequent bergab geht, gelangt man an den GROSSEN STROM. Gegenüber liegt der Rheingau, rechts Bingen und Mainz, flußabwärts Koblenz und die Niederlande.

In dem Film geht es um die Abstammungsketten, den STROM DER GENE, die sich den Fluß hinab und zu beiden Seiten ins Land ziehen. Erzählt wird die Geschichte eines spanischen Offiziers, der an drei unterschiedlichen Stellen Nachkommen hinterließ. Es geht um sieben Protagonisten der Jetztzeit, die miteinander in Verbindung stehen, weil sie in sich den Fluß von 132 Voreltern tragen, darunter Blitzbesucher wie der spanische Offizier, aber auch beharrliche Menschen, die ihr Glück suchten oder einen Ausweg in der Not. Der Film kann diese Protagonisten, auch wenn sie längst tot sind, lebendig ins Bild setzen. Das ist etwas ganz anderes, als wenn Geologen Gesteinsschichten untersuchen.

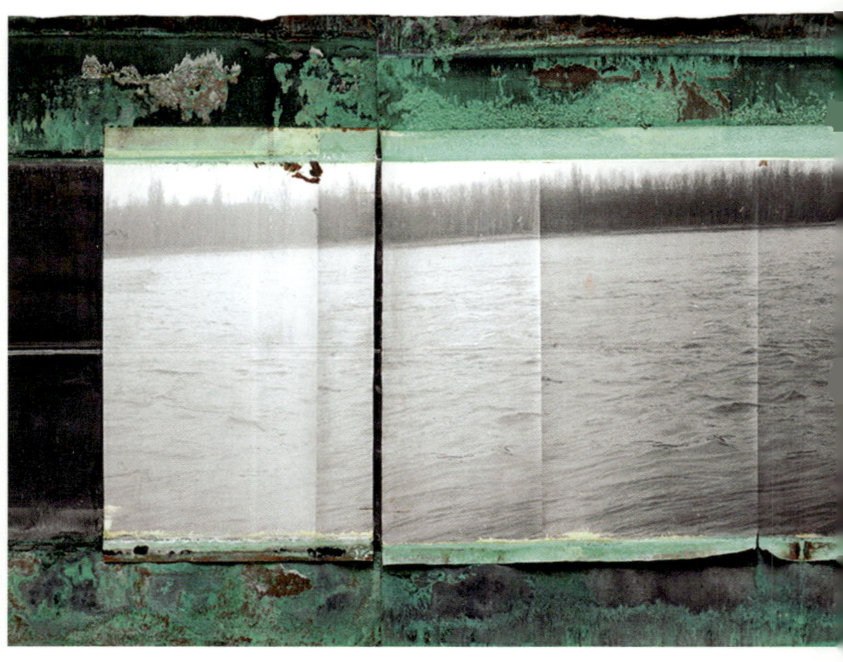

Der Rhein
1969-2012
Elektrolyse auf Gelatinesilberdruck, auf Blei aufgezogen
380 × 1100 cm

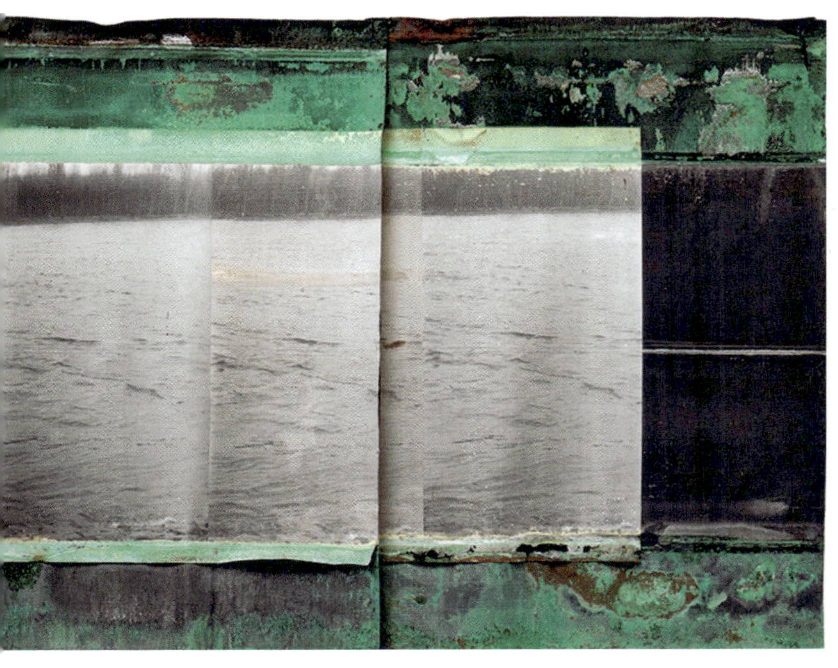

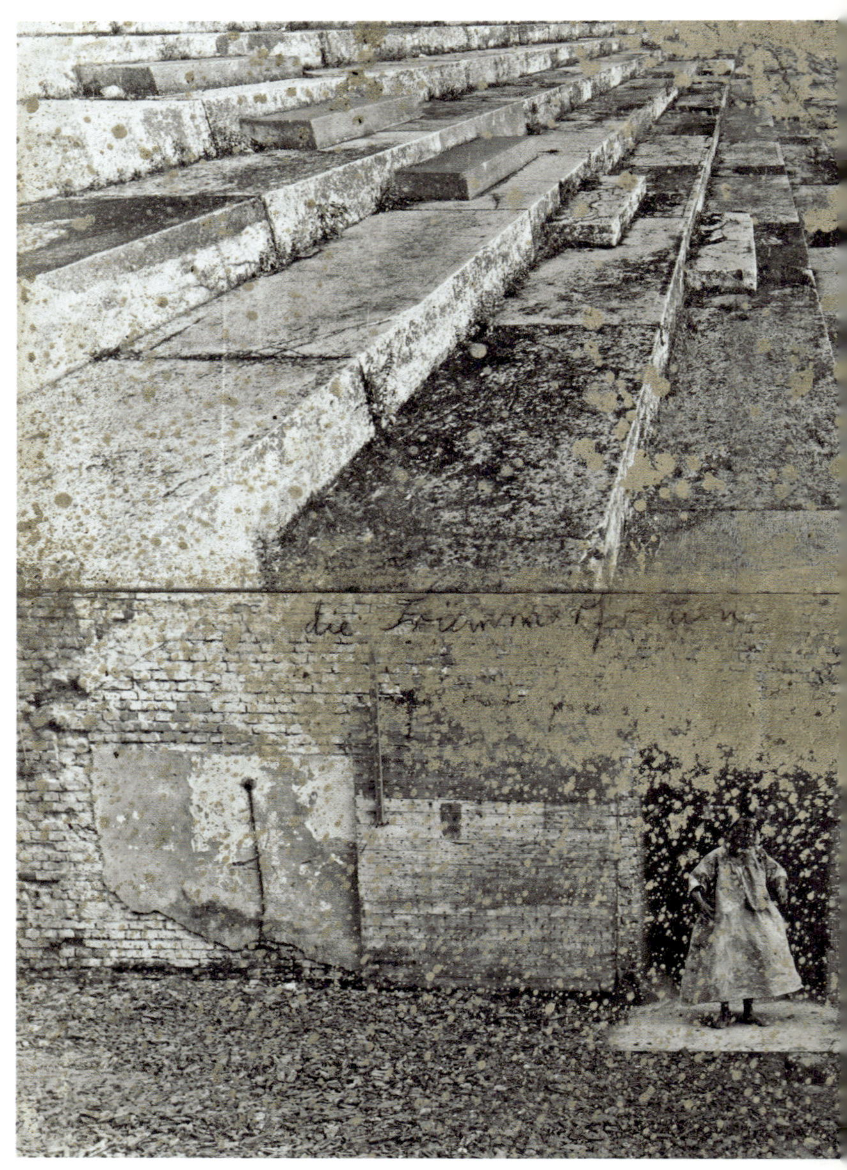

Die Trümmerfrauen
2009
Kohle und Sand auf Schwarz-Weiß-Photographie
104,5 × 126,5 cm

»Männer, die als Trümmerstücke heimkehren«
Gespräch vom 5. Juli 2023

Kluge: Du hast die Stufen des Parteitaggeländes in Nürnberg, die zur sogenannten *Zeppelintribüne* hinaufführen, gemalt. Und an der untersten Stufe sieht man den Schatten einer dieser Frauen, die man Trümmerfrauen nannte. Sie haben 1945 nicht nur die Backsteine der zerstörten Häuser zu Türmen geschichtet und vorher die Backsteine geputzt, dass sie dem Neuaufbau der Städte dienen. Diese Frauen haben auch die aus dem Krieg heimkehrenden Männer »wiederhergerichtet« und für den Neuaufbau zurechtgeputzt. Diese Heimkehrer kamen ohne den Stolz zurück, mit dem sie 1939 ausgezogen waren.

Kiefer: Ich weiß noch, wie mein Onkel zurückkam. Ich habe bei meiner Großmutter gelebt. Deren Sohn kam 1949 oder 1950, also spät, aus der Gefangenschaft zurück. Ich sehe noch, wie aufgeregt die Großmutter war, dass ihr Sohn zurückkommt. Der hatte die Haare verloren. Er war ganz mager. Ich sehe noch, wie wir gewartet haben am Bahnhof. Ich war ja klein. Da gab es einen kleinen Tunnel, aus dem der Zug kommen sollte. Und als Kind dachte ich, hinter diesem Tunnel liegt Sibirien.

Kluge: Zwanzig Jahre brauchte Odysseus, um aus dem verbrannten Troja nach Hause, nach Ithaka, zurückzufinden. Seine Frau Penelope hielt den Mann, der da an der Küste gelandet war, und behauptete, er sei Odysseus, zunächst für einen Hochstapler. Sie hielt ihren Mann ja längst für tot. Die Schwierigkeit der Heimkehr: Das ist ein großes Thema. Der Anführer der Griechen, Agamemnon, kommt nach Hause und wird im Bad abgeschlachtet.

Kiefer: Von Klytämnestra und deren Geliebtem.

Kluge: Ernst Jünger schreibt in seinen Tagebüchern, dass das Blut Agamemnons die Treppen herunter bis zum Eingang des Palastes floss. Jünger fährt fort: und das ist der rote Teppich, über den die Staatsgäste zu Besuch kommen. Alles Metaphern und Bilder, die sich mit der Rückkehr, der Heimkehr aus dem Krieg befassen.

Und Lévi-Strauss beschreibt, dass in Brasilien die Männer der Indigenen, die von der Jagd kommen, vier Wochen, getrennt von Dorf und Gemeinschaft, in einem Männerhaus ausnüchtern müssen, damit sie wieder in den Stamm aufgenommen werden können.

Kiefer: Weil sie brutalisiert worden sind. Sie kommen aus einer falschen Wirklichkeit. Das ist ein Thema, das mich immer beschäftigt hat. Solche »unvereinbaren Wirklichkeiten« bilden einen Zusammenhang. Darauf bezieht sich Hölderlins Satz »unter verschiedenen Umständen getreu sein«.

Kluge: Klugheit ist die Kunst, unter verschiedenen Umständen getreu zu sein.

Kiefer: Brünnhilde ist vor allem sich, ihrem Vater und ihrer Liebe treu. Als sie erkennt, dass sie beschissen wurde, ist für sie alles vorbei. Eine starke Musik, wenn sie am Ende der *Götterdämmerung* in die Flammen reinreitet. Und eine große Art, treu zu sein, vor allen Dingen sich selbst.

Kluge: Und wenn du von der Autonomie der Kunst sprichst und sagst, die gehorcht niemand, dann ist es ähnlich. Sie ist sich treu.

Kiefer: Ob es jemand merkt, oder nicht.

Elisabeth von Österreich, Kaiserin
Gespräch vom 5. Juli 2023

Kluge: Ich habe noch nie ein Bild gesehen, das so weit von den populären Bildern der »Sissi« entfernt ist.

Kiefer: Die hier ist vom Schicksal angenagt…

Kluge: Wie hast du das Bild gemacht?

Kiefer: Das Photo ist alt. Zusätzlich habe ich das Photo schlecht behandelt. Ich habe das Licht angemacht beim Entwickeln. Das Einzige, was photographisch »real« ist, sind die Haare. Sie waren ja die Sorge in ihrem Leben. Die waren so lang und schwer, dass man die Haare im Bett hochbinden musste, damit die Kaiserin überhaupt schlafen konnte. Sie war unglaublich eitel. Bei der Herstellung des Bildes habe ich Gegensätze der Materialien ausgenutzt. Das Blei schützt ja vor Strahlung. Das Photo insgesamt war nicht geschützt beim Entwickeln, gegen das Licht, das ich angeschaltet habe. Einige Stellen aber schützte das Blei, das ich auf das Photo gelegt hatte.

Kluge: Du nimmst das Blei, wie man eine Kameralinse gebraucht. Was vom Blei nicht geschützt ist, wird zerstört, was vom Blei geschützt wird, bleibt erhalten, auch wenn du das Licht anmachst, also störst…

Kiefer: Das kannst du so sehen. In meinem Bleibuch *Galerien* sind Photos enthalten, die halten den nächsten Atomkrieg aus.

Kluge: Das ist das Gegenteil von Abbildrealismus. Das ist magischer Realismus.

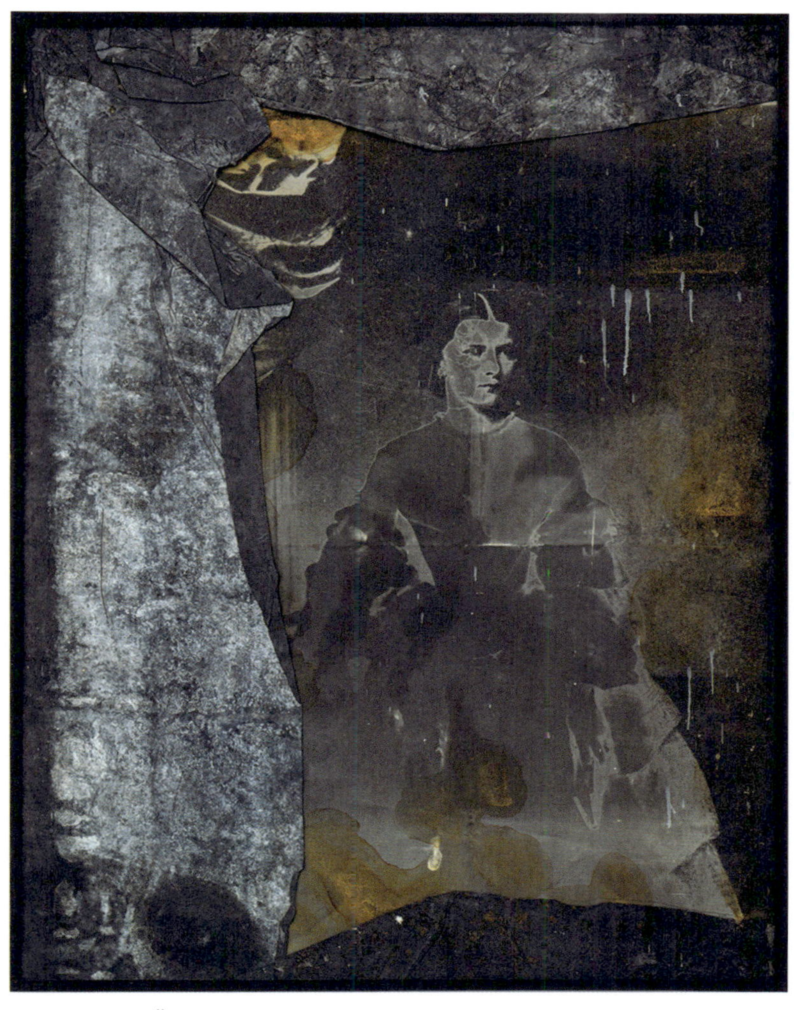

Elisabeth von Österreich
1977-83
Säurebehandeltes Blei auf Gelatinesilberabzug auf Holz, Glas- und Stahlrahmen
171,5 × 131 × 4 cm

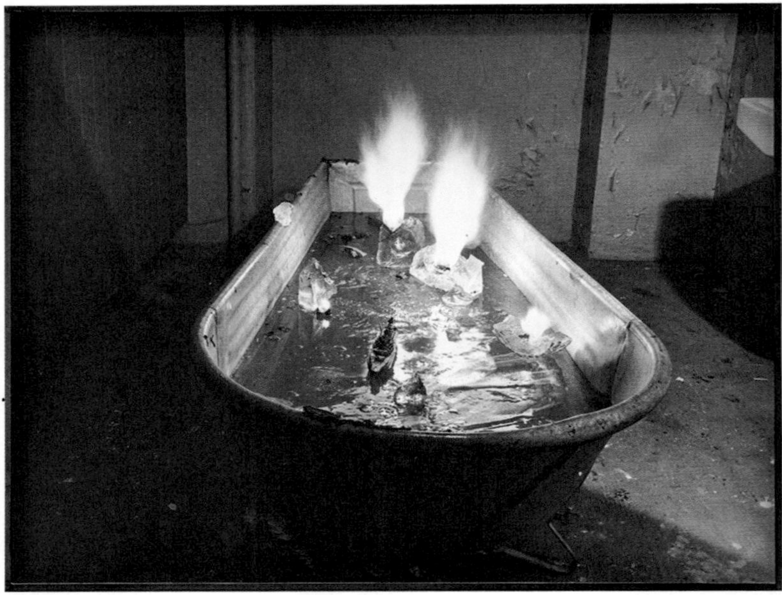

Unternehmen Seelöwe
1975-2013
Schwarz-Weiß-Photographie
99,5 × 127,5 cm

Photographien mit der Bezeichnung »Unternehmen Seelöwe«

Gespräch vom 5. Juli 2023

Kluge: Ich sehe in der Ausstellung in Lille zwei Photographien. Sie heißen »Unternehmen Seelöwe«.

Kiefer: Das hat eine persönliche Seite. Mein Vater war Offizier. Er sollte 1940 bei dem geplanten Angriff der Wehrmacht auf England in der ersten Angriffswelle eingesetzt werden. Hätte der Einsatz stattgefunden, wäre er vermutlich gefallen. Die erste Welle, zu der er gehören sollte, hat immer die stärksten Verluste. Und die haben den Einsatz geübt. Nicht in Badewannen, aber in Wasserbecken. Mein Vater hat mir das erzählt. Die hatten ja die eigentlichen Landungsschiffe zum Üben nicht zur Verfügung. Die hatten als Aushilfe Rheindampfer. Die Soldaten waren nicht schwer genug, dass die Rheindampfer im Meer draußen ausreichend Tiefe gehabt hätten und nicht umgekippt wären. Es wurde deshalb das Gewicht der Rheindampfer mit Betonplatten erhöht. Umgekommen wäre die erste Welle vermutlich bis zum letzten Mann. Nachdem Frankreich kapituliert hatte, sollten bis zum 30. Juli 1940 die Pläne fertig sein.

Kluge: Der Angriff sollte an drei verschiedenen Stellen gleichzeitig erfolgen: im Westen der Insel, zusätzlich bei der Isle of Wight und dann an der Straße von Dover.

Kiefer: Gleichzeitig wären die Landungen möglicherweise erfolgreich gewesen. Wäre eine davon ausgefallen, weil die britische Flotte den Kanal beherrscht, wären die anderen aussichtslos geworden.

Kluge: In der Militärakademie West Point wird noch heute die Planung der deutschen Invasion in England von den Offiziersschülern nachgespielt. Ein Lieblingsthema für militärische Prüfungen: »Unternehmen Seelöwe«. Wie siehst du deinen Vater?

Kiefer: Der hat ja nicht viel zu sagen gehabt. Er war Hauptmann. Das ist keine Leitungsfunktion. Die Zeit von 1940 ist voller Irrwege. Eine ganze Generation wurde geformt und auch verformt. Auch Joseph Beuys war davon nicht frei. Er hat erzählt, durchaus mit Stolz, sie mussten als Soldaten Liegestützen machen. Ein Messer war im Boden befestigt, und wenn einer die hundert Liegestützen nicht geschafft hat und zusammengesackt ist, dann ist er mit der Brust in das stehende Messer gefallen. Von meinem Vater weiß ich, dass er gesagt hat, die Erziehung muss hart sein, denn später kommt es ganz hart. Ich würde nicht sagen, dass ich davor Respekt habe, aber eine Art von Mitgefühl empfinde ich.

Kluge: Eine Empathie. Weil man sagen könnte: Jeder Irrtum hat einen Grund.

Kiefer: Der Irrtum selbst ist immer ein Fehler. Aber wie ein Mensch auf diesen Irrtum kommt, das enthält eine Erfahrung.
Kluge: Diese Erfahrung braucht man, wenn sich der Irrtum nicht wiederholen soll. Der Impfstoff kommt aus derselben Quelle wie das Gift.
Kiefer: Ja, genau. Wir sind Erzähler. Es gibt immer verschiedene Wirklichkeiten. Bei Céline ist das ganz deutlich. Er ist ein fantastischer Schriftsteller, aber völlig dem Antisemitismus verfallen. Dass ein Schriftsteller wie er einem so bizarren Vorurteil aufsitzt, ist merkwürdig.

Verschränkte Wirklichkeiten / Die Zeit von »Unternehmen Seelöwe«

Der Erfolg von »Operation Sichelschnitt« – dies ist die Bezeichnung des überraschenden Panzervorstoßes aus den Ardennen bis zur Kanalküste im Feldzug von 1940 gegen Frankreich – hatte die deutsche Führung überrascht. Nur wenige höhere Offiziere hatten an den Erfolg geglaubt. Nach der Kapitulation Frankreichs im Juni wurde geplant, mit zeitlicher Vorgabe 31. Juli von der Nordküste Frankreichs aus an der Südküste Englands zu landen, London einzuschließen und in der Mitte Englands in einer Kesselschlacht alle britischen Streitkräfte zu umzingeln.

Wir Schüler saßen im Sommerbad. Den Juni und Juli 1940 hindurch hörten wir über Lautsprecher Erfolgsmeldungen. Ich bereitete mich im Schwimmkurs auf meinen »Freischwimmer« vor, die Erlaubnis, im Schwimmbecken für Erwachsene zu schwimmen. Ich spielte im Garten unseres Hauses mit Zinnsoldaten die Schlachten Friedrichs des Großen.

Nachträglich kann man, was die GROSSORGANISATION DES DEUTSCHEN REICHES betrifft, zwei entgegengesetzte Wirklichkeitsebenen unterscheiden. Die eine, subjektiv gesättigt von Wünschen, Lebensplänen, aufschießenden neuen Horizonten, hielt den Krieg mit dem Waffenstillstand von Compiègne für beendet. Die Verhandlungen fanden statt in demselben Salonwagen, in dem 1918 die deutsche Kapitulation unterzeichnet worden war. Dieser Eisenbahnwagon war durch ein Gehäuse aus Backstein als Denkmal eingemauert worden. Ein Ausgang oder eine Tür waren nicht vorgesehen. Das Gemäuer musste durch Bauleute der Organisation Todt aufgebrochen werden, um den Eisenbahnwagon an den Platz zu befördern, wo die Kapitulation stattfand.

In der Heimat stellte man sich auf die Rückkehr der Soldaten ein. Die Vorausurlaube Anfang Juli sind der Grund für die Geburtenschwemme neun Monate später, die Märzkinder von 1941. Zwei Wochen lang stellte sich spontan, ohne Befehl, die Rüstungswirtschaft um auf die Produktion von Friedensprodukten, von Konsumgütern. Dies ist die Zeit, in welcher die Drehbuchautoren des Ufa-Films *Wunschkonzert* die Eingangsszene entwarfen: Ilse Werner und Carl Raddatz haben die letzten Eintrittskarten für die Olympischen Spiele 1936 ergattert, schon tags darauf sind sie ein Paar, jetzt segeln sie in unbeschreiblichem, von Ufa-Scheinwerfern verstärktem Sonnenlicht auf dem Wannsee. Als gäbe es nie wieder Krieg.

In Gegenströmung hierzu gibt es eine zweite »Bewegung«. Die nationalsozialistische Geschichtsschreibung bezeichnete sich als »Bewegung«. Es sind aber immer zahlreiche Strömungen und rivalisierende Bewegungen aktiv: eine Orchestrierung der Widersprüche, WAGNERISCH. Auf dieser zweiten, ranghohen Organisationsebene – Marineleitung, Heer, Luftwaffe, Organisation Todt, Führerhauptquartier – wurden die Pläne entwickelt für das UNTERNEHMEN SEELÖWE.

William dem Eroberer, Herzog der Normandie, war die Invasion Englands im Jahr 1066 gelungen. Ähnlich Cäsar. Napoleon bereitet die Invasion Englands in seinem sogenannten Lager von Boulogne gründlich vor. Seine Pläne wurden vereitelt. Auch fehlt ihm im rechten Moment die Flotte.

Die deutsche Admiralität hegte im Juli 1940 starke Zweifel. Das Verhalten der britischen Flotte »im Fall eines deutschen Invasionsversuchs« erschien ihr unberechenbar. Die Luftwaffe behauptete, die Luftherrschaft »auf Zeit« zu besitzen. Andere Planer bestritten dies. Da half keine »nationalsozialistische Entschlusskraft«, kein ÜBERMUT. Von Below, der Luftwaffenadjutant in der Reichskanzlei, berichtet von einem nächtlichen Gespräch mit Hitler. Der Reichskanzler habe zwischen Euphorie und Zweifel geschwankt. Er habe – alternativ zum UNTERNEHMEN SEELÖWE – auf die Möglichkeit gehofft, durch ein Versprechen des Deutschen Reichs, Englands imperialen Besitz außerhalb Europas mit den Mitteln des Dritten Reichs gemeinsam zu verteidigen, einen raschen Friedensschluss wie in Frankreich zu erreichen. »Heftige Sommergewitter mit Blitz und Starkregen in der Seele des Entscheiders.«

Inzwischen wurden mit administrativer Gewalt Kähne, Rheindampfer, Kleinschiffe an die französische Nordküste verlegt. Truppen wurden massiert.

»Wie Anselm Kiefer beinahe nie zur Welt gekommen wäre …«
Anselm Kiefer wurde 1945 geboren. Seine Seele wartete in den Sommermonaten 1940 bereits IM WEITEN FELD DER UNGEBORENEN. Wäre sein Vater zum Einsatz gelangt, ein Hauptmann der Infanterie, gleich wo an der englischen Küste, wäre er unter den Ersten, die die Anlandung versuchten, zu Tode gekommen. So berichtet es Anselm Kiefer. Für die Ersten, die landen, gilt der sichere Tod. Es hätte keinen Anselm Kiefer gegeben. Ein Riss in der Logik der Geschichte ist die Bedingung dafür, dass (ähnlich wie Fassbinder im Mai 1945) Anselm Kiefer im März 1945 in die Welt kam.

STATION 4

Geschichten vom Exodus

Zwei Ausstellungen von Anselm Kiefer in der Zeit vom 12. November 2022 bis zum 17. Juni 2023 in der Galerie Gagosian, die eine in New York, die andere gezeigt in der Gagosian Marciano Art Foundation in Los Angeles, haben den Titel EXODUS. Der Exodus des Volkes Israel aus Ägypten ist nur der erste der Fälle von Exodus. Die wandgroßen Bilder in den dunklen Räumen der Ausstellung in Los Angeles glühen.

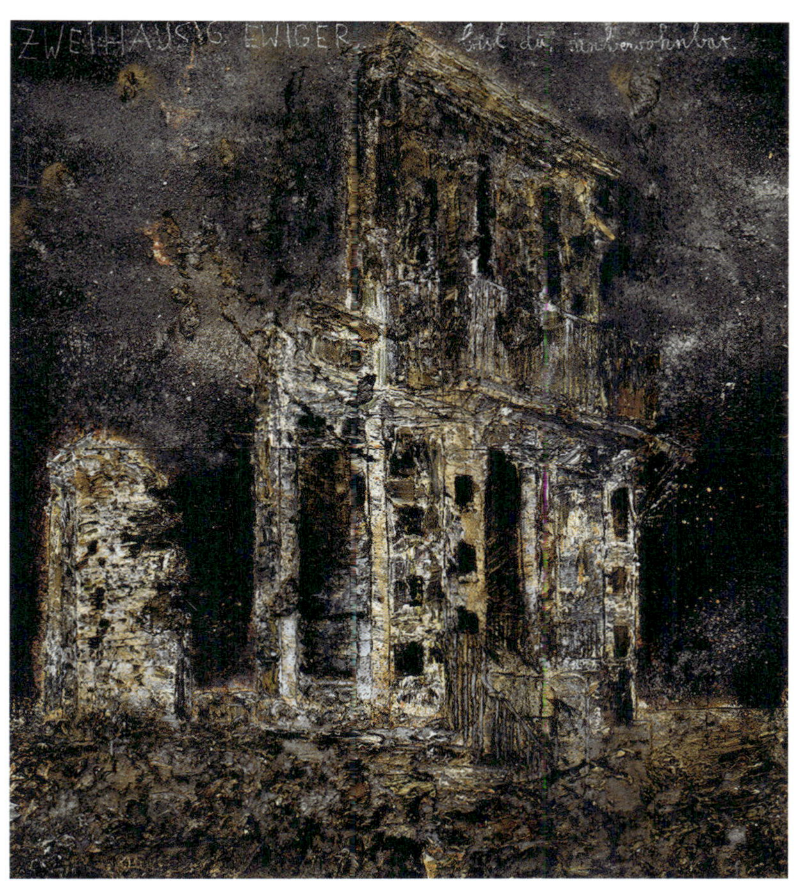

Unbewohnbar

2000–2022

Emulsion, Öl, Acryl, Schellack und Kreide auf Leinwand

380 × 330 cm

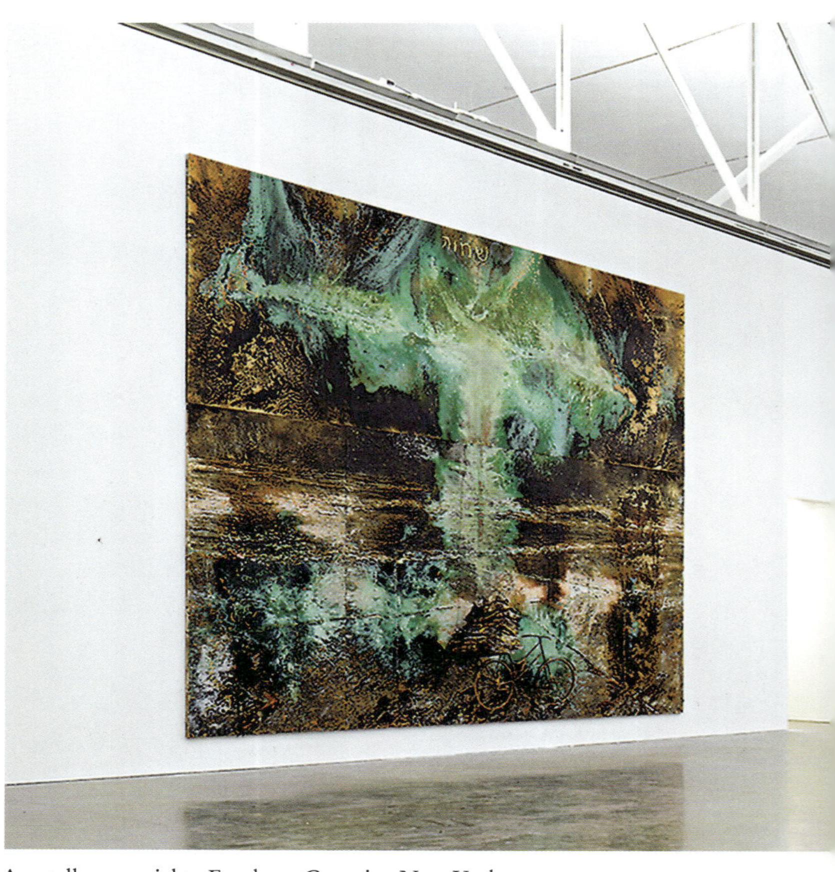

Ausstellungsansicht »Exodus«, Gagosian New York, 2022

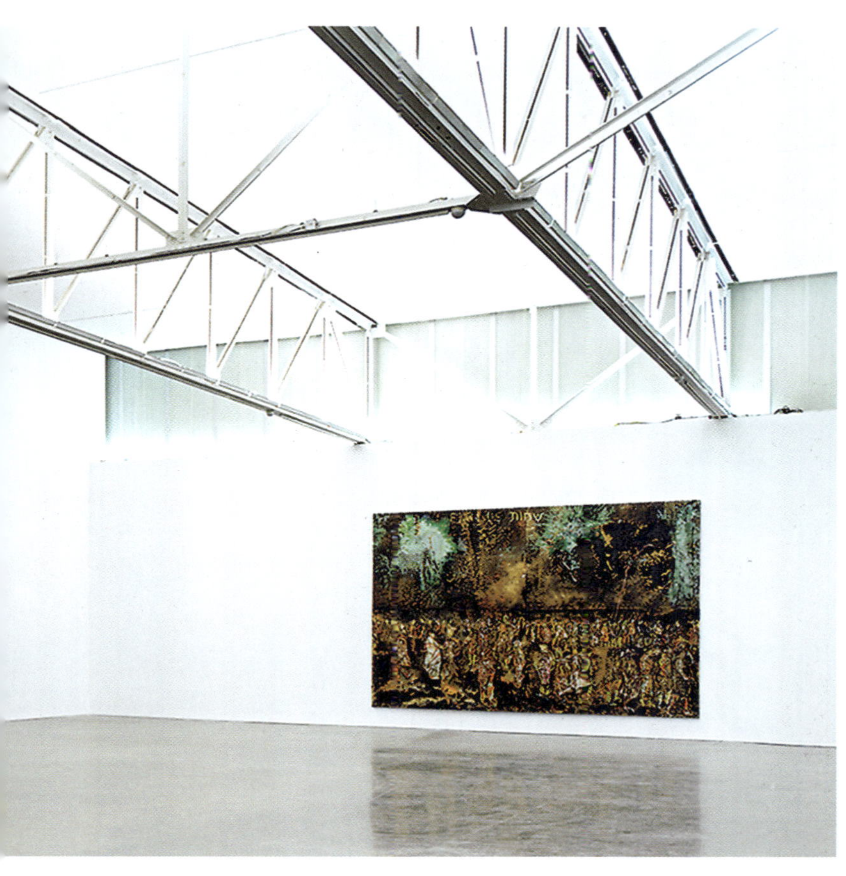
שמות

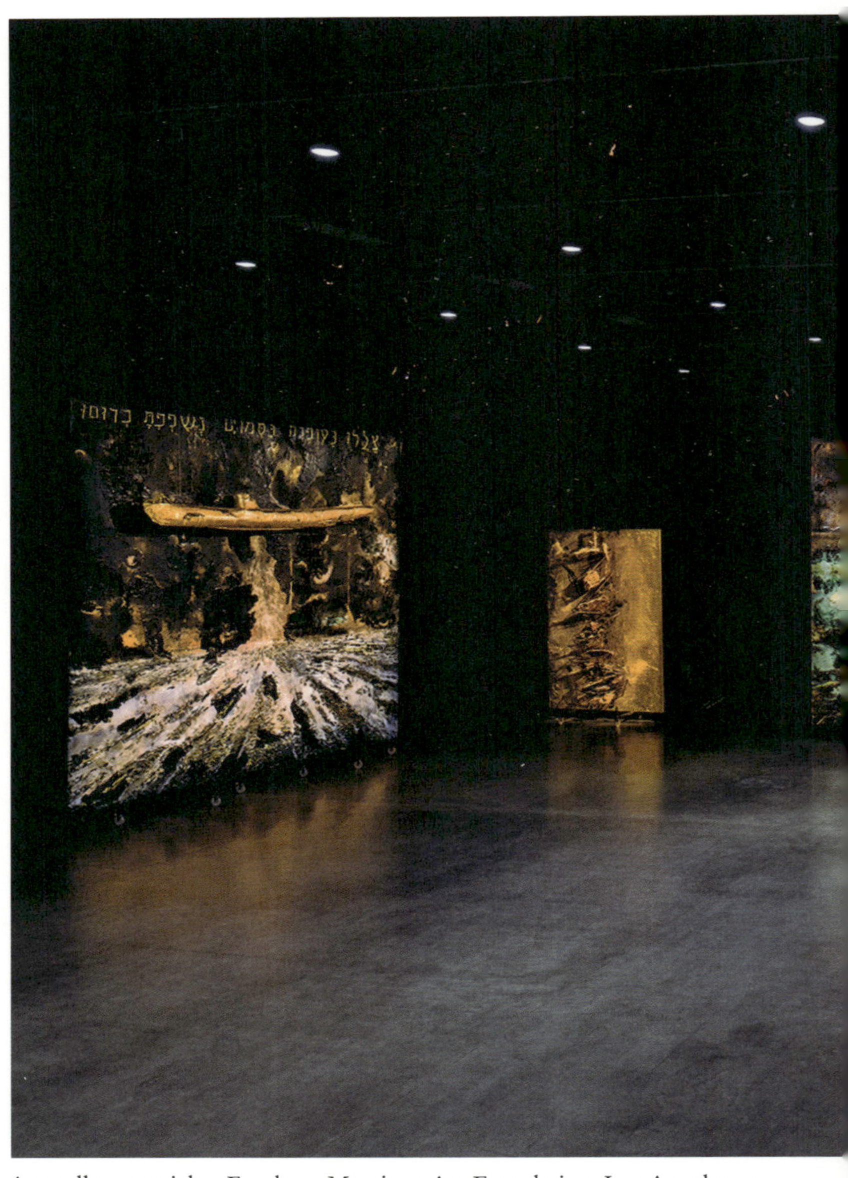

Ausstellungsansicht »Exodus«, Marciano Art Foundation, Los Angeles, 2022

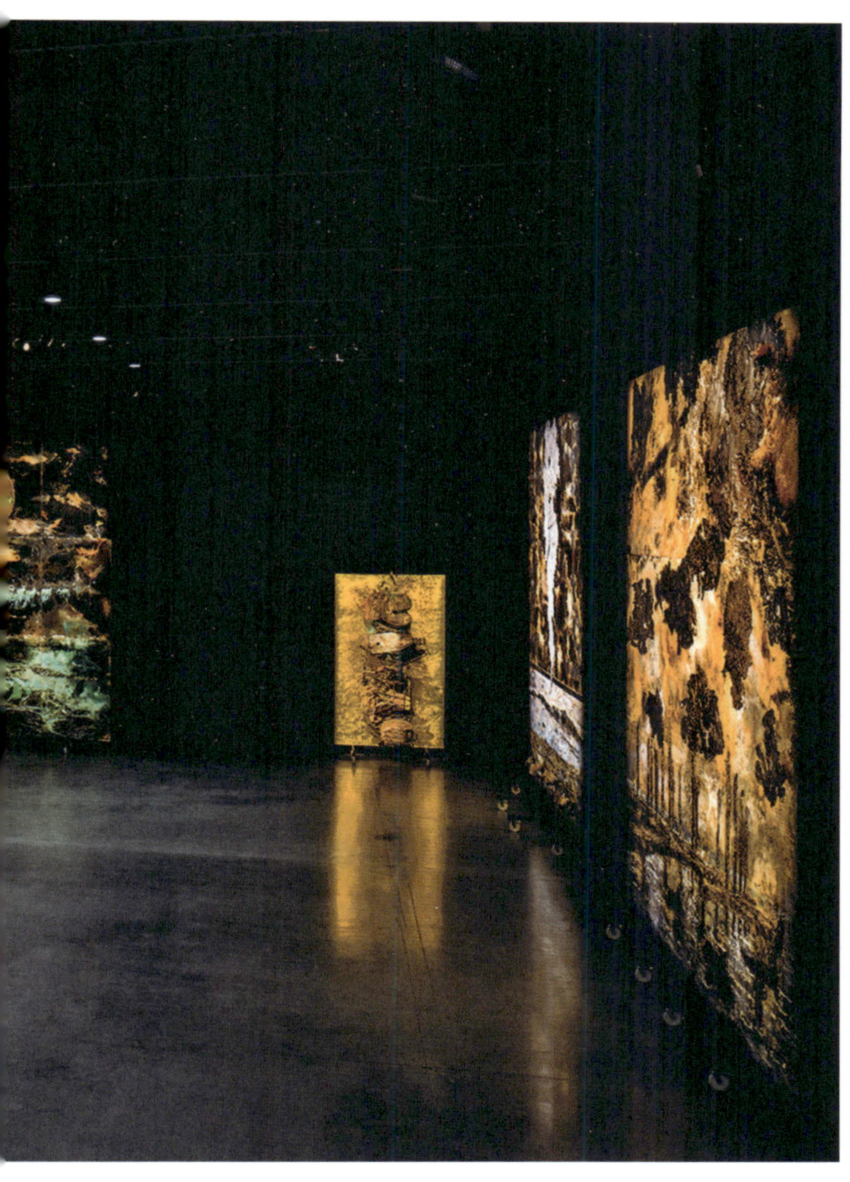

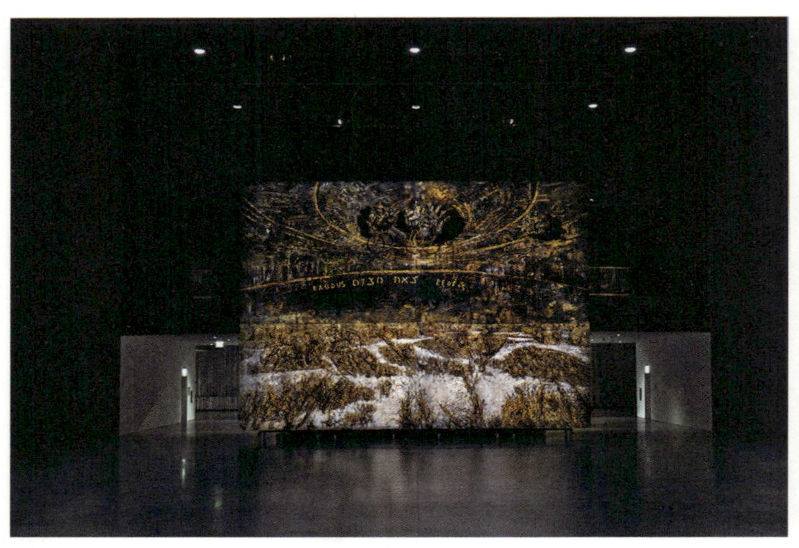

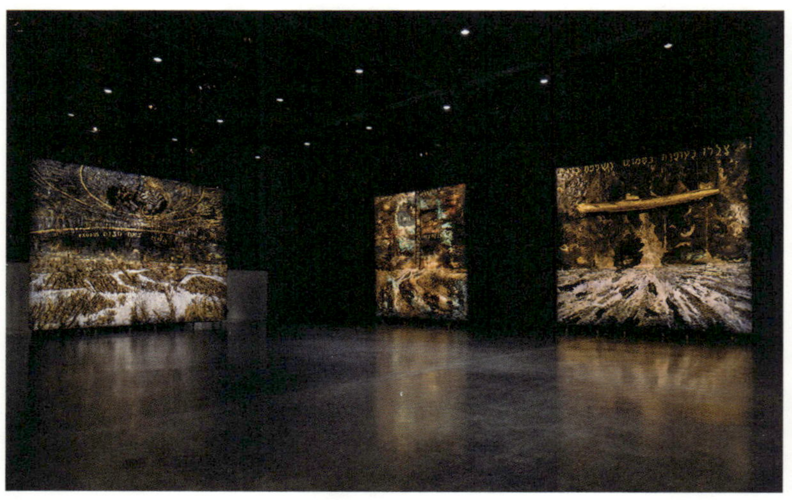

»So ist es wahr, dass die Freiheit von uns Menschen davon abhängt, dass auch die Vergangenheit und die Dinge sich befreien«

In dem Buch SEPHER JETZIRA, der Wurzel der Kabbala, heißt es, dass Gott im Anfang in sechs Wochen Gotteszeit – das entspricht einem Zeitraum von 14,5 Milliarden Jahren – zunächst die Buchstaben, die Zahlen und das Alphabet geschaffen hat. Er »formte und haute« auf die rebellischen Buchstaben ein. Er »hämmerte« auf sie ein. Dann schuf er in nur einer Woche Gotteszeit – das entspricht dem Alter unseres Sonnensystems von 4,5 Milliarden Jahren – die Himmelskörper in unserer Nähe, die Erde, die Evolution und die Menschen. Nicht aus einem Urstoff entstand die Welt, sondern aus dem Logos. So ist es wahr, dass die Freiheit von uns Menschen davon abhängt, dass sich auch die Vergangenheit und die *Dinge* befreien. So wenig haben zu Anfang die erst noch zu erschaffenden Materialitäten den Ursprung gesetzt.

»Es genügt, möglich zu sein, um wirklich zu sein«

Wer die Buchstaben in ihrer unverwechselbaren Kraft versteht (so liest man es in dem Buch von Ulla Unseld-Berkéwicz *Über die Schrift hinaus*), wird von Magie nur NEGATIVEN GEBRAUCH machen. Er weiß, wie sie wirkt. Er hütet sich aber, sie für seine Zwecke einzuspannen.

Für seine Vorsicht braucht er keine Drohung oder Warnung (obwohl der Theologe von Beruf, wie es Maimonides formuliert, ein »Warnherr« ist). Wer die Buchstaben von Anfang bis Ende liest, ist von sich aus vorsichtig: »Fehler bei der Handhabung magischer Verfahren (nämlich aus den Buchstaben raumzeitliche Gegenstände zu fabrizieren) führen nicht zur Ausartung des Golem, sondern direkt zur Zerstörung seines Schöpfers.«

Apokatastasis pantôn

Die messianische Zeit kennt den Begriff der AUFERSTEHUNG ALLER – Apokatastasis pantôn. Sie gilt für die Schuldigen und die Unschuldigen, die Guten und die Nicht-Guten, die Gläubigen und die Ungläubigen. Es ist nämlich eine gottesleugnerische Arroganz – so die gemeinsame Nachricht aller maßgebenden Rabbinen des babylonischen Exils –, dass sich Menschen in Gestalt von Priestern zu Richtern machen, die die Idee eines jüngsten Gerichts skizzieren. So als stünden sie mit Gott auf Du und kennten seine Wege. Wäre der Tod so mächtig, so Rabbi Akira, dann war er es immer schon und dann gibt es keinen Gott. Messianisch ist die Auferstehung aller, weil schon die Toten nie tot waren. Die Wiedervereinigung aller Lebenden und Toten in der Kugel des Lebens deckt nur einen wahren Sachverhalt auf und beruht auf keiner Zauberei. Dies ist die Bedeutung des Satzes: »Die Vergangenheit ist nicht tot. Sie ist nicht einmal vergangen.«

»Hildegard von Bingen sah einer Wildtaube ähnlich«

Alle Tauben im rheinischen Mittelalter sind Nachfahren antiker Felstauben von den Küsten des Mittelmeers. Im Verlauf der tausend Generationen (vier Jahre sind für Tauben schon eine Generation) sind die Augenpartien, die »Gesichtszüge«, der Federbehang dieser Tauben – was die exzentrische, sexuell konnotierte Besonderheit ihrer Rasse angeht – abgeflacht. Auch sind sie inzwischen unterwandert von SPIRITUELLEN TAUBEN, welche die Zeichen und Anagramme Gottes ins Ohr der Mönche transportieren. Eine von ihnen sieht man am Ohr des hl. Hieronymus. Sie bläst ihm ein, was er aufschreiben soll. Die hohe Pflicht der Weitergabe der Nachricht macht den Putz des Körpers obsolet.

Dies, dass sie durchschnittlicher, »unscheinbarer« aussah als die Adelstöchter im Kloster, das sie regierte, umgab die GROSSE ÄRZTIN UND THEOLOGIN Hildegard von Bingen mit einem

»Zauber der Unansehnlichkeit«. Wie ein in Strömen und Bächen gewetzter und gewitzter, »polierter« Stein. Solche flachgestellten Silikate sind kostbarer als sogenannte Edelsteine, die doch nur aus dem Erdreich herausgeklaubte, isolierte »entfremdete« Kristalle sind. Hildegard von Bingen hatte ein Gesicht und einen Leib (gegenüber der üblich weiblichen Prägung ungleichgewichtig, gedrungene Beine, »unschöner«, nämlich ungepolsterter Hintern), den der Betrachter rasch vergaß, weil er längst auf ihre Worte hörte. Auch sah er ihren Händen zu, mit denen sie heilkräftige Substanzen walkte. Sie ging an den Lagerstätten der Patienten entlang, rieb das HEILENDE ein, pflasterte es und applizierte es sonst wie. Alles mit diesen Händen. Wenn diese Frau die schwärende Hämorrhoide eines Reitersmannes heilte – da wollte niemand eine hübsche, modegerechte Maske sehen. Einer Wildtaube gleichen heißt: »naturbelassen«.

Nie wieder fiel eine Thorarolle dem Vorsteher aus der Hand

Ein Schüler des Rabbi Löw, der nach der »Judenschlacht von Prag« nach Nürnberg gelangt war, berichtete, dass die Legende von der Erschaffung des Golem eine Erfindung darstelle, dazu bestimmt, die Herstellung dieses »Schützers« (und seine spätere Zerstörung) zu verbergen. Tatsächlich hat das Volk Israel auf dem Weg, auf dem es aus Ägypten zum Roten Meer geflohen ist, dort, wo sich Brunnen befanden, Steine oder Felsstücke in den Boden eingegraben. Diese Merkzeichen sollten Rettung bringen, falls das Volk auf dem Weg ins Heilige Land nicht weiterwisse und den Rückweg suche. Inzwischen hätten sich, so der Schüler des Rabbi Löw weiter, diese Steine unterirdisch in Richtung Prag in Bewegung gesetzt und seien dort gerade zu dem Zeitpunkt angekommen, an dem Rabbi Löw entschied, aus dieser Substanz den Golem zu erschaffen, den Retter der Gemeinde.

In der Stube des Rabbi pflegte der Golem, so berichtete der

Schüler, in einer Ecke zu sitzen, ohne Lebenszeichen. Um ihn in Bewegung zu setzen, musste ihm ein Zettel mit dem SCHEM, dem Namen Gottes, unter die Zunge gelegt werden. Sprechen kann dieser »Lehm« auch dann nicht, aber er vermag die Wahrheit zu erkennen. So wird erzählt, dass der Gemeindevorsteher im Jahre 1587 zum Jom Kippur die Thorarolle habe fallenlassen, ein böses Vorzeichen. Rabbi Löw beauftragte den Golem, eine Antwort darauf zu finden, weil er die Buchstabenfolge, die er im Traum gesehen hatte, nicht zu erklären vermochte. Der Golem fand im Dekalog, den er mechanisch absuchte, einen Vers, dessen Worte mit den geträumten Buchstaben begannen: »Du sollst nicht begehren Deines Nächsten Weib.« Konfrontiert mit diesem Vers, gestand der Gemeindevorsteher weinend seine Sünde, denn ein solches Begehren hatte ihn bewegt. Nie wieder fiel eine Thorarolle dem Vorsteher aus der Hand.

Im konservativen Milieu der Universität Marburg

Im konservativen Milieu der Universität Marburg lebte 1941 der Theologe Tobias Teikner, auch Kirchengeschichtler und promovierter Philosoph (Neukantianer), außerdem als Tacitus-Interpret und Philologe in der Wissenschaft geschätzt. Er riskierte eine Zusammenkunft mit einem jüdischen Gelehrten, der sich unter dem arischen Namen Anton Weber aus Alsfeld tarnte, tatsächlich sich aber als eine Wiedererscheinung des MAK'L, nämlich des Kabbalisten Rabbi Löw, erwies. Verbürgte Wahrheit ist in der Zeit versetzbar. Das gilt für Menschen wie für Steine. Der Neukantianer und Theologe nahm den andersgläubigen Kontrahenten zum Nachtgespräch an. Ein Hauch des Marburger Religionsgesprächs, das um ein Haar einen religiösen Teilfrieden gebracht hätte, lag über der Begegnung im Krisenwinter 1941.

Gott habe Israel, sagte der Rabbiner, aus freiem Willen und nicht aufgrund des Verdienstes der Propheten auserwählt. Deshalb sei es unrichtig, davon zu sprechen, Gott habe die Juden an die »Gewalten des Dritten Reiches« ausgeliefert. »Israels Erniedrigung« sei ein Zeichen, aber es sei theologisch nicht lesbar, weil der freie Wille Gottes sich einer solchen Lesbarkeit entziehe. Ein Volk verfüge über einen natürlichen Ort. Die Trennung von diesem natürlichen Ort habe einen zerstörerischen Einfluss, aber nicht für das in den Exodus getriebene Volk, sondern für die Weltordnung. Dies sei geschehen mit der Zerstörung des Tempels in Jerusalem durch Titus im Jahr 70 n. Chr.

Verblieben sei nach der Zerstreuung die Einheit des Volkes im Wort. Jede Zerstörung dieser Einheit durch Terror umfasse eine weitere »Zerstörung des Tempels«. Ein jedes solches Geschehen bewirke eine Schändung für denjenigen, der die Zerstörung verursache. Der Marburger Theologe, Verwalter eines Restbestandes der einst machtvollen protestantischen Tradition und vermutlich Wiedererscheinung des großen Philipp Schwartzerdt, genierte sich heftig, dass er mit diesem Mann, der ihm gegenübersaß und mit dem er die Stunden durchwachte, keinen Bund schließen und ihm auch wenig Praktisches antworten konnte. Zur Zeit jenes Nachtgesprächs bewegten sich die Steine von Prag im Untergrund. Sie waren jetzt nicht mehr weit von Marburg entfernt. Die beiden Gesprächspartner, die ja einen Gegenstand ihres Einverständnisses gebrauchen konnten, hätten in dieser Nacht einen Golem erschaffen können. Gegen die Mächte des Terrors hätten sie ihn aber verstecken müssen. Die wandernden Steine zogen an dem Versuch eines Religionsgesprächs vorüber, zu dem beide Seiten doch so viel guten Willen einbrachten.

Die Regel, dass ein Golem nicht länger als 40 Tage wachsen dürfe, lässt sich durch eine List nicht überwinden

Rabbi Joh. Schmidt in seinem Werk *Feuriges Drachengift*, Buch 8, Sektion 3, Seite 61, setzt die Zeit des Dienstes eines Golem auf 40 Tage an. Wo man sie hinschickt, erledigen diese Diener Aufgaben. Auf der Stirn eines solchen »Werkzeugs« ist ein Zettel befestigt mit dem Wort »Emmes«. Die Buchstabenfolge verleiht ein »spezielles Leben des Golem«. Entfernt man den ersten Buchstaben, heißt das Zeichen »tot«. Das Ding oder Lebewesen hält inne, wenn es nicht überhaupt zerfällt.

Wenn man von der Stirn eines solchen Golem den Zettel mit dem ganzen Wort nach 40 Tagen nicht abnimmt und es auch nicht gelingt, den ersten Buchstaben zu entfernen, schaden diese Wesen ihrem *Besitzer* (*Eigentümer* bleibt freilich Gott). Schon aufgrund wachsender Kolossalität. »Wir können einen Golem anleiten, aber nicht am Wachsen hindern.« So Rabbi Joh. Schmidt. Sie sprechen nicht. Sie hören uns, wenn wir reden. Andernfalls könnten sie unseren Weisungen nicht folgen.

Es wird berichtet, dass ein Rabbi Elias in Polen einen Golem gemacht hat, der nach 62 Tagen (der Rabbi konnte sich von seinem Geschöpf nicht trennen, er hatte es liebgewonnen und sah nicht mehr auf den Nutzen) eine Größe erreichte, bei welcher der Rabbi nicht mehr an seine Stirn herankommen und den ersten Buchstaben auslöschen konnte. Da befahl er dem Riesen, ihm die Schuhe auszuziehen. Der gelehrte Mann ging davon aus, dass der Golem sich dafür bücken musste. Dabei, meinte der Rabbi, könne er den Buchstaben auf der Stirn erreichen und löschen. Als aber der Golem wieder zu Lehm wurde, fiel die ganze Masse über den auf der Bank sitzenden Rabbi und erdrückte ihn.

Buchstaben auf Schutzbriefen können Hilfe bringen, wenn sie uneigennützig im Haus verteilt werden

In einer südrussischen Stadt wurde der Baal Schem Rabbi Tov gerufen, weil ein Dämon das Haus eines Steuerpächters verwüstete. Jede Nacht verschwand ein Teil der Güter des reichen Mannes. Der Rabbi verteilte Schutzbriefe in den Räumen des Pächters. Es hieß, dass der Dämon in den Kammern des Hauses lange Zeit hin und her gerast sei. Nachdem Rabbi Tov zusätzliche Schutzbriefe verteilte, verschwand der böse Geist schließlich wie ein Sturmwind aus dem Fenster. Eine Nachbarin aber klagte anderntags, der Rasende sei in ihr Haus eingebrochen und habe zwei ihrer Gespenster getötet.

Ein Hinweis Walter Benjamins auf den Ernst kabbalistischer Lehren

»So seltsam den modernen Leser die Analyse berühren mag, darf doch der Ernst, mit dem sie vorgetragen wird, nicht übersehen werden.« Dieser Satz, den Walter Benjamin im Dezember 1934 schrieb, bezog sich auf folgenden Tatbestand:

Nach der Lehre des Psychagogen Jizchak Luria hatte der Erste Mensch eine überaus mächtige und reich gegliederte Makroseele. Diese Makroseele ist nach den fünf Weltstufen gegliedert, nach weiteren fünf Seelenstufen untergliedert und außerdem gemäß den traditionellen 613 Gliedern des Menschen (welche den 613 Gesetzen der Thora entsprechen) aufgeteilt. Diese können in 600003 Seelenfunken geteilt werden, gemäß den Seelen der Israeliten, die aus Ägypten auszogen.

Es ist nun so, heißt es bei Rabbi Luria weiter, dass die Lehre vom Sündenfall des Adam missverstanden wird, wenn man sie als Überschreitung eines Verbots, der Erfüllung einer Neugierde oder einer Lust auffasst (abgesehen davon, dass eine Schuld Evas nicht dem Adam zuzurechnen wäre). Vielmehr ging es um einen

Unfall. Die Makroseele des Ersten Menschen fiel ohne böse Absicht oder ohne Absicht überhaupt aus Gottes Rhythmus heraus. Für ihr Wachstum, wenn sie wachsen sollte als ebenmäßiges Bildnis der Gottheit und des Kosmos, hätte sie mehr Zeit gebraucht. So kam es, dass sie zersplitterte. Sie geriet in einen Zustand des freien Falls, heißt es bei Rabbi Luria, so dass die 613 Großwurzeln sich bis in 600 000 Kleinwurzeln zerteilen, bleiben noch 3 in Gottes Hut. Es muss auch nicht sein, dass sich jede Großwurzel in gleich viele Teile verliert. Die Teilung erfolgt je nach Größe des Schadens. Jedoch alle 613 Großwurzeln zusammen können sich nicht in mehr als 600 000 Kleinwurzeln zerteilen. Und so auch bei den 613 Funken. So gibt es Großfunken, die sich in 1000 Kleinfunken teilen, andere in 100.

Nun aber der Rückweg der Seelen zur Makroseele. Hierfür bedarf es des Psychagogen.

Im Wege der Seelenwanderung nämlich müssen die zerteilten Menschen, deren zerstreute Funken, in den wunderbaren Seelenbau des Ersten Menschen zurückfinden. Das ist schwieriger, sagt Rabbi Luria, als aus einem der dichten Wälder in Russland nach Hause zu finden.

Ich nenne mich einen WISSENSCHAFTLICHEN MATERIALISTEN (Notiz eines modernen Wahrsagers in Thüringen)

Gefahren, die der Welt (meinen Kindern im Jahr 2032) drohen, sollen mich nicht schon jetzt mundtot machen. Ich leugne die Gefahren nicht, wenn ich solche Schrift an der Wand nicht *jetzt* lese. Ich weiß, dass sie da ist und dass sie darauf wartet, gelesen zu werden.

Ich aber lebe im Augenblick. Ich arbeite. Welche Buchstaben muss ich verwahren (zu Programmen gebündelt und verdichtet), wenn aus dem zerstörten Planeten neues Leben entstehen soll? Auf einem der Monde des Saturn? Nicht glaube ich, dass dann

»die Sterne vom Himmel gewischt sein werden«. Alle Clouds und die Kühlbehälter auf Spitzbergen, somit die Datensammlungen, werden unlesbar geworden sein. Das Futur II wird sich materialisiert haben ohne Menschenhirne.

Unbedingt will ich die Buchstaben fürs Neue sichern. Dort, wo die Weltraumagentur derzeit (mit viel Privatkapital) am abarischen Punkt zwischen Mond und Erde ihre Ziele sucht, wo sich die Gravitationen aufheben (die Störungen von Sonne und Jupiter sorgsam mit einbezogen), an diesem geometrischen Ort, der eine Spirale bildet, einen zittrigen, ortswechselnden Kreisel, aber auf seine Weise unverrückbar und unzerstörbar, dort werde ich in der Raumstation, von der Starts zum und Landungen auf dem Mars geplant sind, ein Versteck mir verschaffen für meine 3-D-Drucker, die im Ernstfall erst sich selbst und dann ihren Transportweg auf einen der unzerstörten Monde des Planetensystems produzieren. Eine »Schöpfung« vollständig aus Daten.

Das ist die NEUE EMANZIPATION von 0 und 1, ich aber nenne sie Buchstaben, und sie sind sicher Lebewesen. Mein Versteck in dem Schrott der Raumstation ist nicht aufspürbar für die Finanzauditoren des US-Senats. Meine Datenkapsel hat die Größe einer Streichholzschachtel und die Qualität einer »Idee«: alles Daten und reine Möglichkeit, eine RIEMANN'SCHE SEELE. Dafür brauche ich alle 22 Buchstaben meines Alphabets und die vier Buchstaben für Gottesnamen, die ich nicht ausspreche, und außerdem das dunkle ALEPH, das sind 22 + 4 + 1. So gelange ich zur heiligen Zahl 27 aus lauter Kaskaden aus 0 und 1.

Tatsächlich ist die Verwandlung meiner winzigen MATHEMATISCHEN KATZE ein idealistisches Konzentrat, mein Weg zur Zeugung von Materialität aus der Null. Ich nenne mich einen wissenschaftlichen Materialisten.

Der Ausweg aus dem Dilemma heißt »Lernen«

Der wegen seiner Amulette (bestehend aus den Buchstaben Gottes der zweiten Reihe, damit die wahre Nennung nicht ausgesprochen wird) heftig befehdete Rabbi Jonathan Eibeschütz aus Frankfurt am Main übte seine ärztliche Kunst bis an ihre Grenzen aus. Lag die Heilung jenseits dieser Grenzen, so »lernte« er, vergab aber keine Amulette. Dadurch, dass er die Schriften in sich einsog, transferierte er sich (nicht aber die Sache selbst, die Schrift) im Interesse einer glücklichen Fügung in den Kranken. Im Fall einer in schweren Wehen liegenden Tochter eines reichen Frankfurters, dem Rabbi Eibeschütz nicht helfen wollte, behalf sich der WEISE MANN wie in Folgendem berichtet:

»Der reiche Mann drohte dem Rabbi, wurde zornig. Der Rabbi erwiderte: Es mag andere Präzedenzfälle geben, aber ich kann nicht geben. Da sagte der Reiche zu ihm: Rabbi, ist dies mein Lohn dafür, dass ich mich bemühte, dass Du auf den hiesigen Rabbinatsstuhl gesetzt wurdest? Diese Worte zu hören, schmerzte den Rabbi sehr. Er griff zu einer Gemara (Talmud), setzte sich hin, lernte und sprach: Herr der Welt, Du weißt, dass ich es mit der Lauterkeit meines Herzens und mit reinen Händen tue, denn ich habe kein Verlangen, mich mit den verborgenen Dingen zu befassen. Der Reiche nötigt mich, mich zu erbarmen. Darum hilf mir und rette diese Frau, die in der Krise liegt. Rette sie vor allem Bösen durch das Verdienst, das ich durch das Lernen dieses Traktates erwerbe. Danach sprach er zu dem Reichen: Geh nach Hause, denn schon hat Deine Tochter geboren! Und so war es geschehen.«

Für Zögerlichkeit ist kein Platz

Der praktisch gesinnte Ingenieur Kurt Fenske aus Halle an der Saale, literarisch ein Banause, aber mit viel Feingefühl für die Instandhaltung seiner Maschinen (die sind inzwischen verschrottet, die Fabrik, wie die meisten Betriebe der DDR, aufgelöst), kritisierte das DEFÄTISTISCHE an Kafkas Geschichte »Das nächste Dorf«. Es sei vielmehr ausreichend, behauptete er, dass einer in Gestalt seiner Urenkel ins nächste Dorf gelange. Nur für Verzögerlichkeit sei kein Platz. Er verfügte über Unterlagen eines Max-Planck-Instituts für Menschheitsgeschichte in Jena, erstellt von Prof. Dr. Krause, auf denen eine Karte eingetragen war, wie die Vorfahren, alles Migratoren, pro Jahr nicht weiter als 15 Kilometer mit ihren Wohnsitzen gewandert seien. Im Grunde waren sie nicht gewandert, sondern die nächste Generation hatte sich in 15 Kilometern Entfernung neu angesiedelt. Sie hatten gewohnt, gelebt und waren doch als Teil der Menschheit vorangekommen. Sie gelangten, wie Fenske es bezeichnete: »mühelos vom Schwarzen Meer und vom Delta der Donau bis in die Gegend von Blaubeuren«, also in die Nähe der Quelle des großen Stroms. In diesem Sinne sind wir Menschen, sagte Ingenieur Fenske, Zugvögel, »Horizontwanderer«. Zur Freiheit geboren. Kein Grund kopfhängerische Geschichten zu erzählen.

»Schmerzrabe am linken Zeigefinger«

Mit dem linken Zeigefinger habe ich mich gemeldet, wenn ich etwas nicht wusste. In der Hoffnung (oder Erwartung), dass der Lehrer mich nicht beachtete. Mein *rechter* Zeigefinger schnickte, wenn ich etwas wusste. Meine Kinder verspotten mich, dass ich überhaupt in der Schule mich mit einem Finger meldete. Sie würden so etwas nicht tun. Ich bin versessen auf Schule.

STATION 5

Finnegans Wake und die Baustelle der Wörter

»riverrun, past Eve and Adam's …«. *»Flusslaufs, vorbei an Eva und Adam's … «. Dies sind die ersten Worte auf der Riesenbaustelle, genannt Finnegans Wake. Zu Anfang der insgesamt 628 Seiten. Vermutlich werden die Übersetzungen nicht aufhören, ihre Versuche, die Rede dieses Textes in andere Sprachen zu übersetzen. Gerade ist die neue Übersetzung von Ulrich Blumenbach in Arbeit.*

Die Bilder von Kiefer bei White Cube kreisen um rätselhafte Texte, um das flüssige Element, um Trümmer und Elementarteilchen.

Politik der Wörter

Zur gleichen Zeit, als in der Kaltsteppe unsere Vorfahren junge, unerfahrene Mammute in Erdgruben fingen, bildeten sie in ihrer Kehle eine Falle für die Dosierung von Luft und Schall. Bald konnten sie eine Unzahl von Lauten hervorbringen, für die sie noch keine praktische Verwendung hatten. Aus dieser Eroberung entstanden Lebewesen: die Wörter. Bald gründeten sie eine Republik, die Sprache. Ihre selbstbewussten, unknechtbaren Einwohner gehorchten lange Zeit (aus Gutmütigkeit, aus Höflichkeit, aus Geselligkeit) auch Zwecken. Sie trugen Lasten. Sie taten so, als seien sie Lastenträger. Ihrer Natur nach waren die Wörter nie Arbeiter oder Diener.

Eines Tages im 20. Jahrhundert schritten sie zur Revolte. In *Finnegans Wake* wurde eines dieser widerborstigen, aufständischen Wesen die Bezeichnung für die elementarsten Kräfte der Natur, die QUARKS.

»Three Quarks for Muster Mark«

Die Genealogie der Sprache, so der Philologe Anselm Haverkamp, zeigt eine generelle Nervosität der Wörter, deren subtilen Ungehorsam, ihrer Natur nach. Äußerlich dagegen marschieren sie im Gleichschritt, folgsam den Funktionen, die der Alltag ihnen auferlegt. Als Treibmittel des Zorns und der Exzesse üben sie in unserer Zeit Mäßigung.

Bald nach ihrer Revolte waren sie isoliert. Sie werden in der Formation des allseitigen Aufstands nicht gebraucht. Sie finden sich wieder auf Inseln. Sobald sie sich vom Sinnzwang befreit hatten, verhungerten sie.

Wie die Brüder Gracchus, wie Spartacus, wie Toussaint L'Ouverture beschleunigten Joyce, Schwitters, Hans G Helms, Arno Schmidt, Reinhard Jirgl die Befreiung der Wörter von ihrem Joch, boten Kolonisation, also neue Äcker für die Sklaven. Aber arbeiten wollten die Sklaven nicht: Wir sind nie Sklaven gewesen, sagten die Wörter, wir lassen uns nicht wie römische Legionäre oder wie Sklaven des Spartacus neu ansiedeln. »Bei der Mehrheit bleiben, selbst wenn sie irrt.« So bleiben wir bei den Menschen, deren Kehle uns gebildet hat, die uns in tausenderlei Verbreitungsformen, inzwischen digital klonen (das ehrt uns), AUCH WENN SIE IRREN.

Unsere Revolte ist eine Dauerrevolte. Wie will man uns unterdrücken, wenn wir der Grund dafür sind, dass es die Menschheit und deren Verfassung überhaupt gibt? Wir sind selbstbewusste Lebewesen, man darf uns, die Wörter, nicht unterschätzen.

> »As the lion in our teargarten remembers the nenuphars of his Nile [...] the besieged bedreamt him stil and solely of those lililiths undeveiled which had undone, gone for age, an knew not the watchful treachers at his wake, and theirs to stay. [...] Zeepyzoepy, larcenlads! Zijnzijn Zijnzijn! [...] (Twillby! Twillby!)«

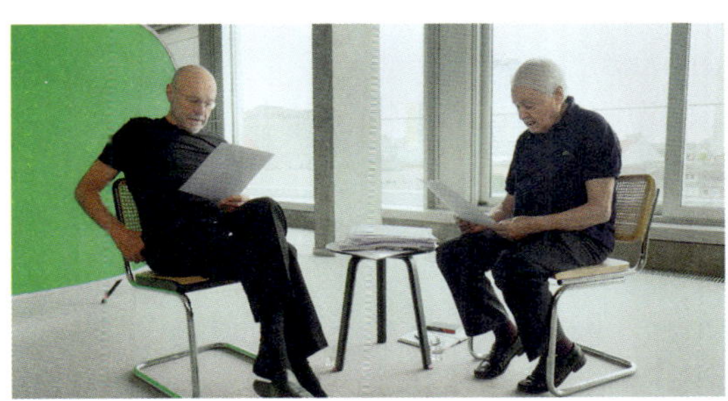

Kiefer und Kluge lesen gemeinsam »Politik der Wörter« / Open Space im 6. Stock des Suhrkamp Verlags, 5. Juli 2023 / 4:26 Min

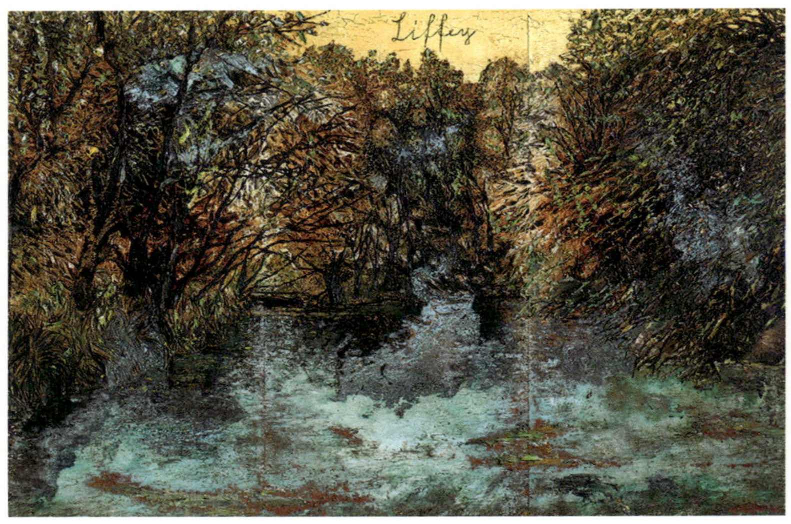

Liffey
2023
Emulsion, Öl, Acryl, Schellack, Elektrolyse-Sediment, Blattgold und Holzkohle auf Leinwand
380 × 570 cm

Permanente Metamorphosen

Der menschliche Verstand versetzt Realität in Stein. Realität selbst ist flüssig.

Liffey, ein Fluss, der durch Dublin fließt, ist in *Finnegans Wake* möglicherweise auch ein Wirbelsturm, in jedem Fall eine Frau oder Göttin. Die Strömung dieses Flusses reicht vom brennenden Troja bis ins Heute. Die Flussgöttin verwandelt sich auch oder »war immer schon« eine junge Frau namens Annabel, die die Protagonistin des Romans sein wird. Es geht um Verwandlungen, aber sie sind das Bewegungsgesetz der Realität.

In einem Stein eingemeißelt, in altgriechischem Dialekt, findet sich das Fragment des Heraklit »Alles fließt«. Wir würden heute physikalisch wissen, dass dies für die Konsistenz: wie sich etwas anfassen lässt, nichts Genaues bedeutet. Aus flüssig wird Eis, nämlich Kristall. Bodenständiges und Steinernes kann in Wolken zum Himmel explodieren und herunterregnen: flüssige Trümmer. Geht man in solcher Perspektive mit der Sprache um, zeigt sich, dass wir die Wörter, Abbilder, alle Dinge und Ideen auf ihre unterschiedlichen Aggregatzustände freilassen müssen. Alle sind sie rebellisch.

Das ist für den täglichen Umgang schwer verständlich zu machen, aber entspricht der Realität in allen Texten von Joyce und dem Grundprinzip der »Kunstfreiheit«. Feinstaub der Kunst. Die Künste bewegen sich in einem eigenen Wettergeschehen.

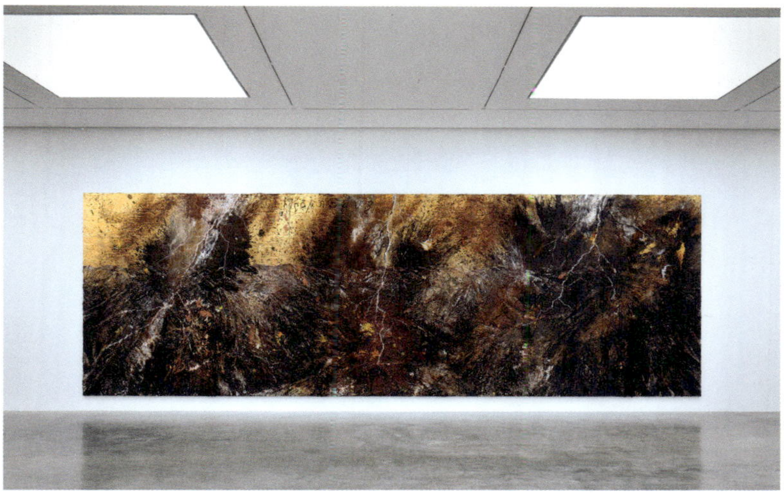

Prometheus
2023
Emulsion, Öl, Acryl, Schellack, Blattgold, Terrakotta und Kohle auf Leinwand
380 × 1140 cm

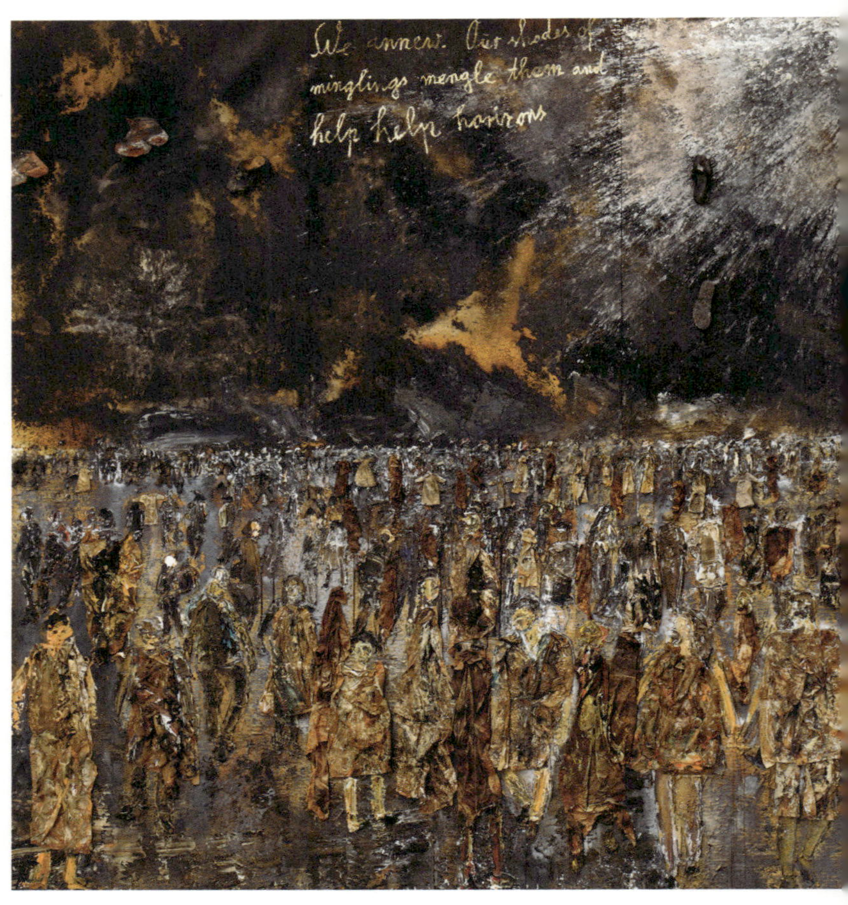

Our shades of minglings mengle them and help help horizons
2021–2023
Emulsion, Öl, Acryl, Schellack, Blattgold, Schuhe, Handschuhe und Stoff auf Leinwand
560 × 1100 cm

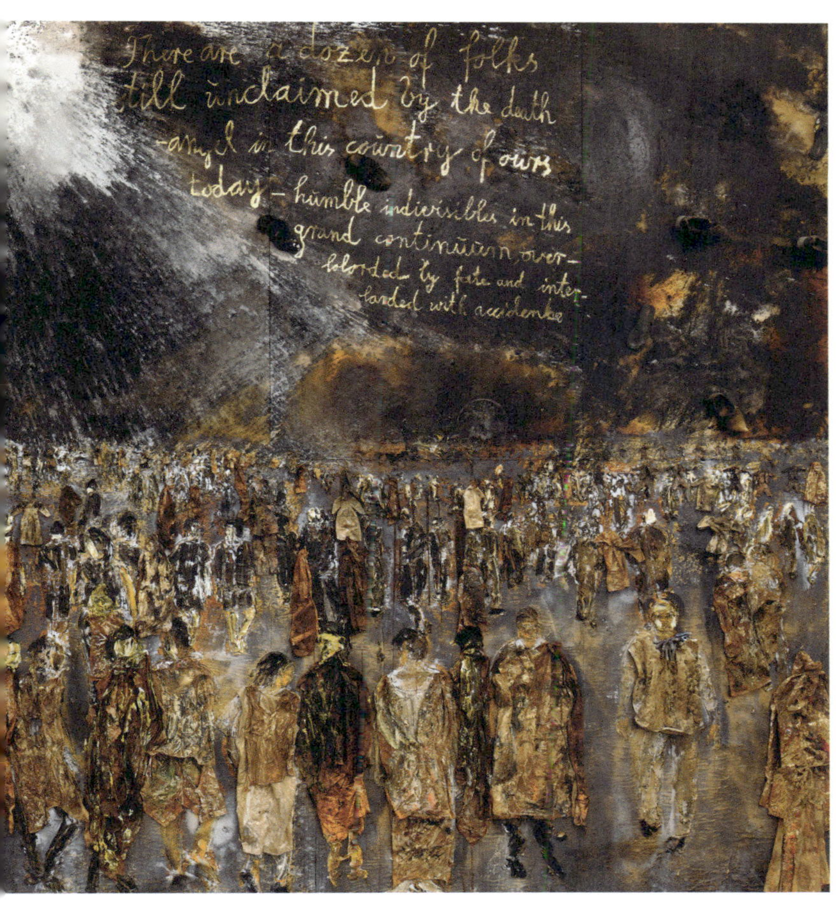
There are a dozen of folks
still unclaimed by the death
-angel in this country of ours
today – humble indivisibles in this
grand continuum, over-
lolorded by fate and inter-
larded with accidenke

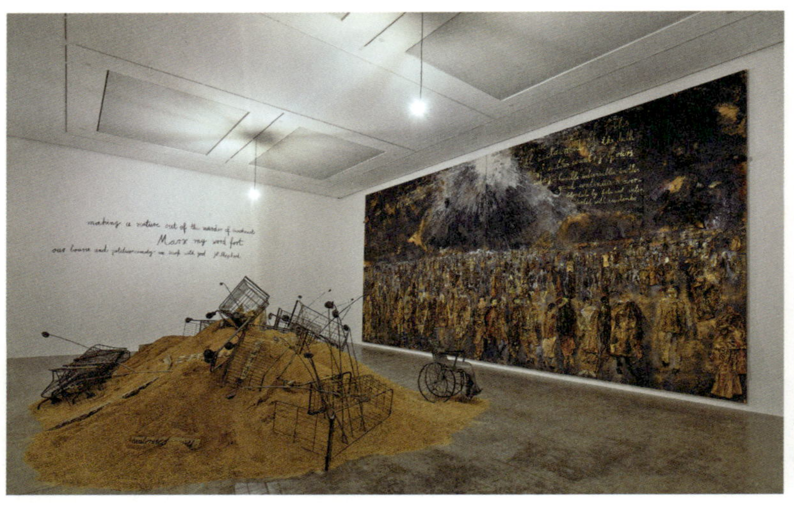

Marx my word fort
2023
Sand, Stahl, Blei und Gummi, Rollstuhl, Kunstharz-Sonnenblumen, Papiertaschen mit Ölfarbe und Schellack, Kohleinschriften auf den Wänden
600 × 1 490 × 1000 cm

»Marx my word fort …« = »Darwin marxstu ausgehen …« (Übersetzung von Ulrich Blumenbach) = Davon kannst du ausgehen« (umgangssprachlich, nach dem Ohr verstanden)
Es handelt sich um eine Phrase in der Umgangssprache. Vor Ort und in der Gegenwart gesprochen. In der Perspektive der Menschheitsgeschichte und deren vielen Sprachen, also in der ZEITPERSPEKTIVE zwischen Äon und dem Augenblick – in einem irischen Pub in Dublin, wo die Leute reden –, sind die Evolution (»Darwin«) und die politische Ökonomie der Arbeitskraft (»Marx«), ebenso präsent wie der hingeworfene Satz »Darwin marxstu ausgehen«. Diese Zeitperspektiven in die Worte und Sätze einzubringen, völlig heterogene Zeiten zu »agglutinieren« (zu verschmelzen), das ist die Methode von Joyce, zu der er Versuche anstellt, von denen er selbst sagt, dass sie nicht abgeschlossen seien.

Es gibt solche Zeittotalen sonst nur bei Bildern und im Film. Und in beiden Ausdrucksformen sind sie nicht häufig, weil die Raumperspektive im Vordergrund steht.

In *Finnegans Wake* bilden die Zeittotalen, »die Verschränkung unvereinbar verschiedener Zeiten«, ganze Wortfelder und Konstellationen. Wenn man die Texte im Englischen laut liest, versteht man sie. So wie man die *Phänomenologie des Geistes* von Hegel, der als Kind alemannischen Dialekt sprach, im Ton der Unterstadt von Tübingen hören muss, um den Fluss der Gedanken intuitiv zu begreifen, so ist Joyce durch eine Übersetzung in fremde Sprachen nur zu kommentieren und auszulegen. Eine Nachahmung in fremder Sprache ist nicht möglich. Man kann aber den Ton paraphrasieren, wie es die neue Übersetzung von Blumenbach tut. Das Buch ist eigentlich gegenüber dem Tonband die schlechtere Aufbewahrungsform für die Texte von Joyce. Die sind strikt mündlich, wie ursprünglich die Gesänge Homers. Und das Verstehen (das eine Domäne des Gehirns ist und sich nicht einmal ganz in Sprache auflösen lässt) bildet einen Gegensatz, der das vom Ohr, nicht aber vom Verstand auflösbare im mündlichen Text als Antinomie bewahrt. Das kann als Einziges das Ohr. Wir können aber beide – ich literarisch und im Film, Anselm als Maler und pictor doctus – uns von Joyce hinreißen lassen in unseren Metiers und deren nichtirisch-englischer Sprache, um ebenfalls an ZEITPERSPEKTIVEN zu arbeiten (und nicht bloß nach Inhalt, Handlung und Raum).

Wie Sergej Eisenstein einen Drehbuchautor suchte für sein Projekt, das *Kapital* von Marx zu »kinofizieren«, und deshalb James Joyce in Paris besuchte

Im selben Herbstmonat, in dem sich im Jahr 1929 der Schwarze Freitag ereignete, der Börsencrash in New York, besuchte Eisenstein den fast blinden James Joyce in dessen Wohnung in Paris. Eisenstein führte Koffer mit sich, in denen er Manuskripte und zahllose Bilder (Photos, Skizzen, Kostümentwürfe) hatte. Nichts davon war im Gespräch mit Joyce zu gebrauchen, da Joyce Bilder nicht ansah.

Der Filmemacher übernahm aber von Joyce für sein Projekt, das er später nicht realisieren konnte, die Idee, die gesamte Geschichte der Menschheit, des Kapitals, der Revolution und der Moderne an einem einzigen Tag spielen zu lassen. Das war der Vorschlag von Joyce, dem dieser selbst in seinen beiden großen Büchern ebenfalls gefolgt war, in *Ulysses* für die Tagesseite, in *Finnegans Wake* für die Nachtseite des Lebens.

Das Projekt bezog sich auf einen Film von sechs Stunden Gesamtlänge. Nach *Oktober* sollte dies das Hauptwerk Eisensteins werden. Eine Kooperation zwischen dem Baulöwen der Literatur und dem Großarchitekten des Films wäre einmalig gewesen.

»Learned to speak from hand to mouth till he could talk earish with his eyes shut«

»Lernte von der Hand in den Mund zu sprechen, bis er mit geschlossenen Augen gleichzeitig der irischen Sprache und der Sprache der Ohren gerecht wurde«.

Finnegans Wake ist ein einzigartiges Genre der Literatur. Diese Art von Text ist von einem Buch oder einem feststehenden Bild weit entfernt. Joyce' Texte »sind der Musik am nächsten. Sie sind aber auch dem Summen der Gedanken und Bilder nahe, wenn einer aufwacht aus dem Schlaf oder dem Stimmengewirr in einem Pub in East London und Dublin. Oder in entsprechenden Lokalen im Ruhrgebiet, im Münsterland oder in Sachsen-Anhalt, in einer Gegen-Öffentlichkeit.

Man braucht das Auge nicht, um zu sprechen. Man muss dem Mund, als sei es ein Tier, die Zügel schießen lassen. Die Wechselrede muss fließen. »Nicht ich rede, es ist etwas in mir, welches spricht«. Eher als gedacht, schon ist die Antwort heraus.

In dem Haus, in dem ich aufwuchs, gab es das sogenannte Herrenzimmer, in dem meine Mutter mit ihren Freundinnen an einem bestimmten Tag der Woche Karten spielte. Mein Ohr hört noch heute den Ton, wenn die vier Stimmen zum Aufruf der Bridgekarten, zu den Neuigkeiten der Woche, zu ihren wichtigsten Anliegen durcheinanderreden. Drei geschlagene Stunden lang. Ich sitze im Vorraum, in dem an der Wand das Telefon hängt, hocke in einem Sessel, habe gewiss in dem Wirrwarr der Reden nichts verstanden. Und doch tröstet mich über die Zeiten hinweg dieser Halberstädter Ton. Ich kann nicht sagen, worüber der Ton informiert.

Das Ohr ist ein Vertrauensorgan. Mit geschlossenen Augen hören. »Von der Hand in den Mund«. In Eifer und in Mündlichkeit.

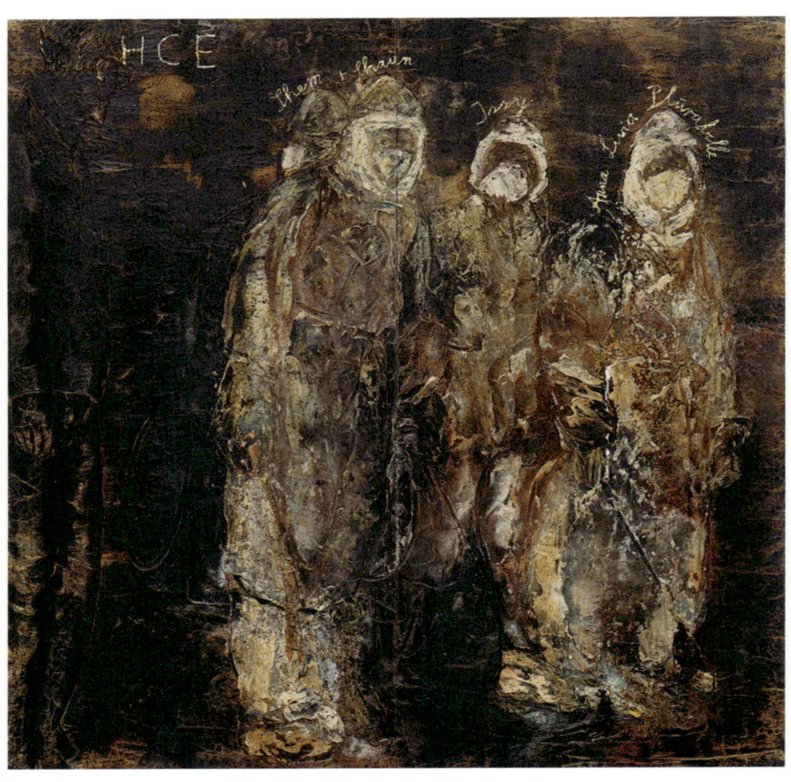

HCE
2023
Emulsion, Acryl, Öl, Schellack und Blattgold auf Leinwand
380×380 cm

»The gleam of the glow of the shine of the sun through the dearth of the dirth on the blush of the brick of the viled ville of Barnehulme has dust turned to brown ...«

Provisorisch und mit Auslassungen übersetzt: »Im Kern glühte und punktete Glut des Lichts der Sonne durch den Staub und über die verkratzte Oberfläche des Backsteins am ganz verlorenen Ort, verschollen, der nicht Bornholm heißt, und dieser Metastaub verwandelte sich in braun.«

Die Elektrolyse und die Bleisoße, mit denen Kiefer arbeitet, können Farbnuancen erzeugen, die nicht mit Worten zusammenzureimen sind. Farben sind rebellisch. Worte desgleichen. Es gibt mehr Farben im Universum, als es auf Erden Menschen gibt. Die Basis der Natur bildet die »starke Wechselwirkung«. Sie findet statt zwischen den drei Grundkräften, den Quarks und deren Antipoden, den Antiquarks: das sind sechs elementare Gegenüber, die sich wie die Monaden in ungezählte Vielfalt verteilen. Wie G.W. Leibniz es beschreibt: ETWAS WIRD AUS ZEIT, LICHT UND STAUB ZU BRAUN. Dass dies dem Bild einer Ruine entspricht, ist eine voreilige Annahme. Es kann auch ein Glücksfund sein. Eine Hebamme sieht es aus dem After eines Neugeborenen hervortreten. Es ist ein nicht weiter benennenswertes Braun mit winzigen schwarzen Punkten noch aus der Zeit, in der das Neugeborene ungeboren, warm und sicher im Bauch der Mutter lag.

»His birthspot lies beyond the herospont and his burialplot in the pleasant little field«

»Sein Geburtsspot liegt jenseits der Heldenstrecke, die Hellespont heißt und sein Begräbnisplot auf einem netten kleinen Feld«!

Rätselhaft wie die Auskunft eines Opferbeschauers vor 9000 Jahren in Uruk, nachdem er die Schafsleber und den Stand der Sterne geprüft hat. Nach dem Prinzip: »Ähnliches ist Ähnlichem ähnlich.« Der Satz gilt seither als das Gegenteil von »Wissen«. Das mag auf Irrtum beruhen.

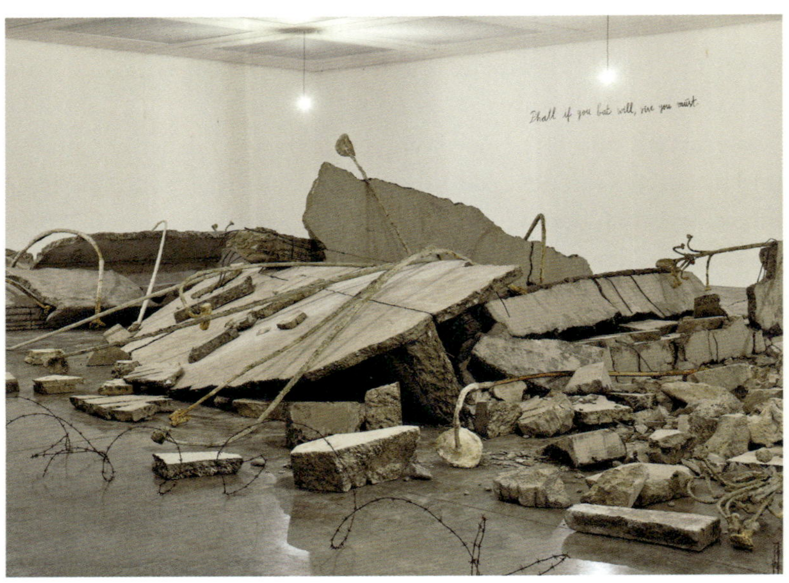

Phall if you but will, rise you must
2017-2023
Beton, Gips, Styropor, Ton, Blei, Stahl, Kunstharz, Seil, Acrylfarbe, Schellack und Stacheldraht
Maße variabel

STATION 6

30 Filme für Anselm Kiefer

Filme, die in den letzten 12 Jahren aus der Arbeitstangente Alexander Kluge/Anselm Kiefer entstanden sind. Es handelt sich um das Genre der »Minutenfilme«. Mit diesem Genre begann nach 1896 die Filmgeschichte. In den kurzen Beschreibungen zu den Filmen sind die Kommentare von Anselm Kiefer rot *markiert.*

Sechs Filme

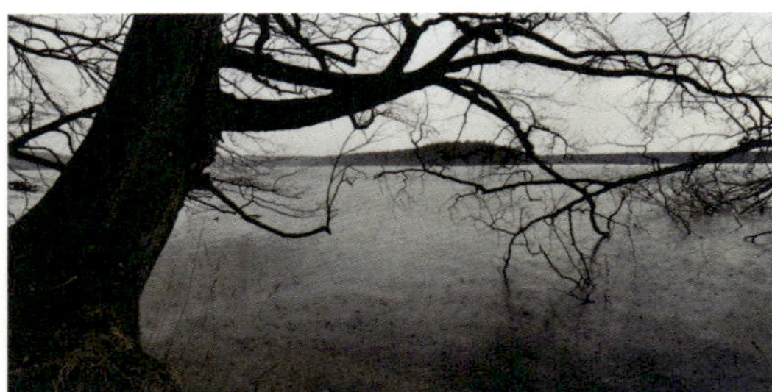

Der Stechlinsee / 1:32 Min

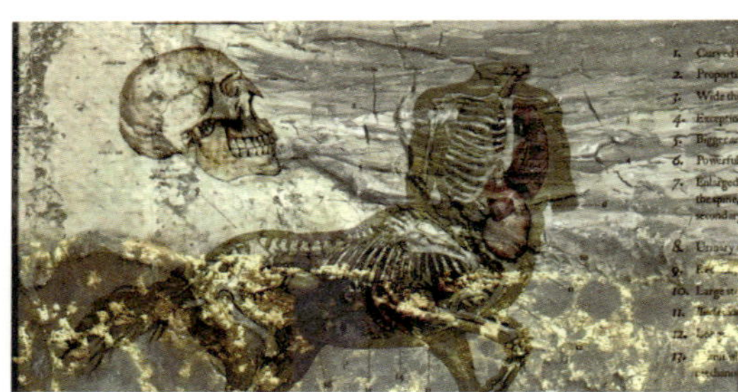

Anatomie eines Kentauren / 1:31 Min

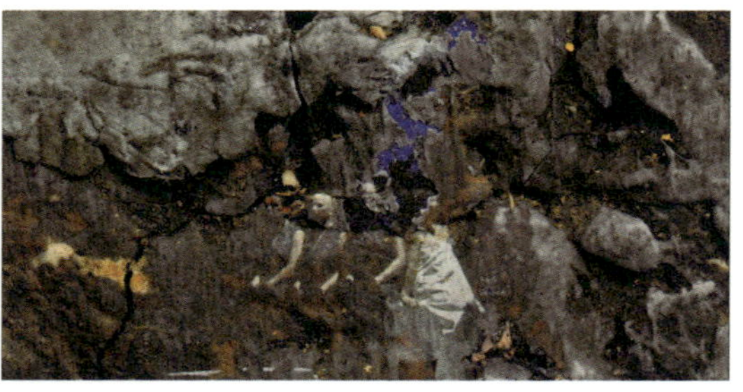

»TOD, was für ein Wort« / 1:51 Min

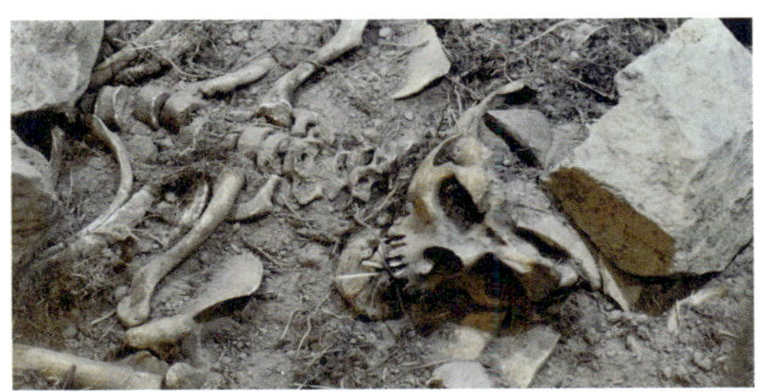

Der Tod, der Steine fraß / 1:37 Min

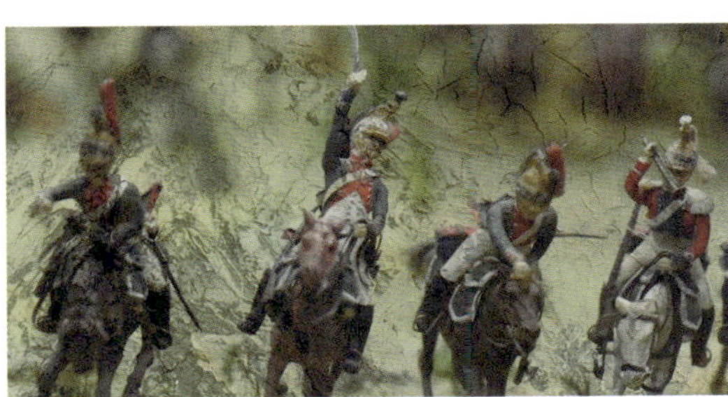

Der Tod des Prinzen Louis Ferdinand im Gefecht von Saalfeld / 1:06 Min

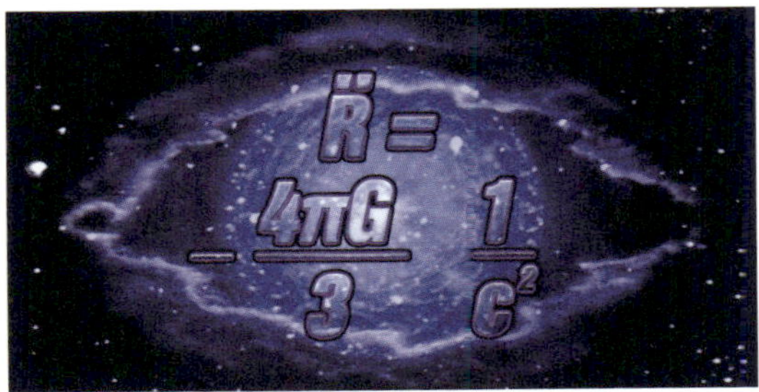

Bewegungsgleichung für das Universum (nach Einstein & Friedmann) / 56 Sek

Der Stechlinsee

Es geht um Fontanes Beschreibung des Stechlinsees in der Mark Brandenburg. Dieser See, schreibt Fontane, zeigt eine Gänsehaut, wenn weit entfernt auf dem Planeten durch einen Vulkanausbruch Menschen sterben. So bringt, sagt Fontane, die Natur ihre EMPATHIE zum Ausdruck. Als Beispiel nimmt Fontane ausgerechnet einen kühlen preußischen »sachlichen« See wie den Stechlinsee. Ich habe meinen Kameramann Thomas Willke gebeten, den See bei Regen zu filmen.

siehe dazu mein bild »märkischer sand« aus den achtziger jahren, habe damals, angeregt durch fontanes wanderungen durch die mark brandenburg, sand auf das bild geklebt und behauptet, dies sei sand aus der mark.

der papst wojtyla führte immer ein kleines säckchen polnischer erde mit sich.

es war damals schön, die namen der stätten, die man nicht betreten konnte wegen des eisernen vorhangs, auf ein bild zu schreiben. the promised land. sie ist mir noch in erinnerung, die »atmosphäre« beim nennen der namen »dreilinden«, »paretz« usw. … wie ich anhand dieser namen die geschichte erinnerte. es gibt ja nichts neues – außer in der erinnerung. der mensch schafft die zukunft, wenn er auf diese verzichten kann.

siehe henry miller, wenn er, noch in den usa, die straßennamen auf seiner karte von paris liest und so schon vor der besichtigung eine vorstellung von der stadt bekommt.

Anatomie eines Kentauren

Angenommen, Leonardo da Vinci hätte die Gelegenheit gehabt, in einem der Keller seines Arsenals einen Kentauren zu sezieren: Was hätte er entdeckt? Friedrich Hölderlin hat sich in zwei Gedichten, »Dichtermut« und »Chiron« (sie hängen im Subtext miteinander zusammen), mit einem Kentauren beschäftigt. Und zwar mit dem Sohn des Chronos, dem Halbbruder des Zeus und unsterblichen Lehrer der Argonauten und zahlreicher anderer Helden Griechenlands: Chiron. Dieser Kentaur opferte seine Unsterblichkeit, damit Prometheus von seinen Ketten im Kaukasus befreit würde. Hölderlins Text ist rätselhaft. Das Götterwesen, halb Menschen-, halb Pferdeleib, ebenfalls.

Als »Optiken« habe ich eine Glastafel von Kerstin Brätsch und ein Raster aus Hans Richters »Rhythmus 21« verwendet. Das Skelett eines Kentauren habe ich von Gianluca Rovere mit dessen Zustimmung verwendet.

kentauren haben mich nie interessiert. man braucht nicht einen halben menschen und ein halbes tier zusammenzusetzen, um zu sehen, dass die menschen noch vieles vom tier an sich haben. das völlig überflüssige und zerstörerische gefühl der eifersucht kann man zum beispiel an einem ort im gehirn lokalisieren, der dem bei den dinosauriern entspricht. umgekehrt kann man bei tieren hochentwickelte organisationsformen feststellen, die denen der menschen sogar überlegen sind, wenn man zum beispiel einen hund sieht, der beim spaziergang eine ganz vielfältige innere landkarte erstellt, sozusagen raum erschafft.

»TOD, was für ein Wort«

Es handelt sich um einen Ausschnitt aus »Verratenes Volk«, der fünfeinhalbstündigen politischen Revue, die Einar Schleef 2000 am Deutschen Theater auf die Bühne brachte. Das war die letzte Inszenierung dieses Meisters. Schleef kompilierte die Texte und Chöre für seine Stücke stets selbst (in diesem Fall unter anderem in Anlehnung an Alfred Döblins *November 1918* und John Miltons *Paradise Lost*). Jutta Hoffmann spielt, neben ihrer Hauptrolle als Rosa Luxemburg, die KRIEGERWITWE. Der merkwürdige

Ausruf des Chors, »Heinrich!«, deutet auf das Ende von *Faust I*. Zu ergänzen ist »Mir graut vor dir«. Die kurze Szene bietet ein erstes Beispiel für den Einsatz der von Kiefer gelieferten »Elefantenhaut-Optik«.

im ersten treffen gretchens mit faust ist die negation dieses ereignisses schon enthalten. ich sehe das gleichzeitig: die bewunderung gretchens für faust und das »mir graut vor dir«.

»Der Tod, der Steine fraß«

Den Schädel filmte mein Kameramann Thomas Willke in Verdun. Wie der Stein in den Mund des Toten geriet, weiß man nicht. Neben dem Schädel kann man den Sand des Schützengrabens erkennen.

Das Schlussbild der Sequenz zeigt ein eingeritztes Ornament auf dem Schädel eines Toten: wie bei einer Elfenbeinarbeit. Das könnte ein Emblem sein aus dem Barock. Was mich an den Arbeiten von Anselm Kiefer berührt (und zur Zusammenarbeit antreibt), ist die Spanne von über 300 Jahren (oft auch 3000 oder 40 000), in der sich seine Aktualität bewegt.

in der aktualität ist gleichzeitig das partikulare und das universale ich als subjekt, aber auch als das ins universum gespannte, enthalten.

siehe photos der tunnel in barjac. das sind schützengräben, von mir gegraben, weil der umzug nach frankreich ein großer (wenn auch fruchtbarer) fehler war.

man kann die schützengräben auch als ikonoklastische aktion sehen. denn ein künstler ist immer auch ein ikonoklast. erst das zerstörte bild ist ein universales bild. wenn ich ein bild male, ist das gleichzeitig die negation dieses bildes. man darf das nicht chronologisch sehen, denn das sichtbare bild rekurriert immer auf das nichts.

siehe auch balzacs erzählung das unbekannte meisterwerk.

Der Tod des Prinzen Louis Ferdinand im Gefecht bei Saalfeld

Anselm Kiefer berichtet, in jungen Jahren habe ihn ein Nachkriegsfilm über die Preußenkönigin Luise bewegt. Das sei auch sein Zugang zu Napoleon gewesen. Kiefer geht einer Neugier nie nur direkt nach. So ist die Zeit der Befreiungskriege (1813-1815) in seinen Skizzen zur Weltweisheit versteckt. Eines dieser Bilder ist nach der Varusschlacht benannt, so wie Heinrich von Kleists Stück *Hermannsschlacht* in Wahrheit von Napoleon handelt.

In der Bibliothek meines Vaters stand eine mit farbigen Abbildungen bestückte Sammlung mit Texten zu den Befreiungskriegen. Zwei Bände. Sie hat mich in meiner Kinderzeit gefesselt. Die Königin Luise, eine Patriotin, sah in dem Prinzen Louis Ferdinand ihren Helden. Dieser Prinz verkörperte gegenüber dem verrotteten Hof, meinte die Königin, die direkte Linie zu Friedrich II., genetisch und spirituell. Zu Beginn des Feldzugs von 1806, der für Preußen in der Katastrophe endete, ereignet sich der tragische Tod des Prinzen bei Saalfeld. Er führte die preußische Vorhut. Der Säbel eines französischen Unteroffiziers machte dem Hoffnungsträger ein Ende. Man sieht im Film, wie dieser Reiter professionell die Vorderbeine des Pferdes stillstellt, um seinen Stahl zielsicher durch Rücken und Brust des Prinzen zu stoßen. Die Königin soll bitter geweint haben. Das ist ein Stoff für »unzeitgemäße Gemüter« wie mich und Anselm Kiefer, die ihre Kinderträume ernst nehmen (und auch gegen spätere Einsicht verteidigen).

siehe meine zeichnung »napoleon und königin luise von preußen« (sammlung ileana sonnabend).

siehe giorgio agamben: erfahrung bedeutet, die kindheit als transzendentale heimat der geschichte wiederzufinden …

zur eigenen biographie: drei besondere ereignisse, die mich in der kindheit geprägt haben – oder vielleicht besser, die mir gezeigt haben, was ich bin: lohengrin, königin luise, der film ein herz und eine krone. die sehnsucht nach dem fernsten, nach dem unerreichbaren, die erfahrung, dass die erfüllung des wunsches dessen negation ist. die spaziergänge mit dem großvater im fürstlichen park in donaueschingen, in der ferne das schloss, das von mir getrennte zugehörige, und als ich dann später dort verkehrte, war es kein schloss mehr.

siehe auch alain-fourniers le grand meaulnes.

Bewegungsgleichung für das Universum

Die Bewegungsgleichung für das Universum ist kosmische Alchemie. Die Formel beschreibt, wie unser Weltall expandiert. Zugleich zeigt sie, dass es an den Horizonten des Universums Gegenden gibt, die miteinander nie Informationen ausgetauscht haben können, weil das Licht, das sich mit ungefähr 300 000 Kilometern in der Sekunde bewegt, in der Gesamtzeit, in der unser Kosmos besteht, die Strecke von einem Ende zum anderen nicht zurückgelegt haben kann.

»die horizonte kennen einander nicht.« und doch sind sie in ihrer substanz und in ihren physikalischen eigenschaften gleich. wo haben die zauberer das gelernt?

Sieben Filme

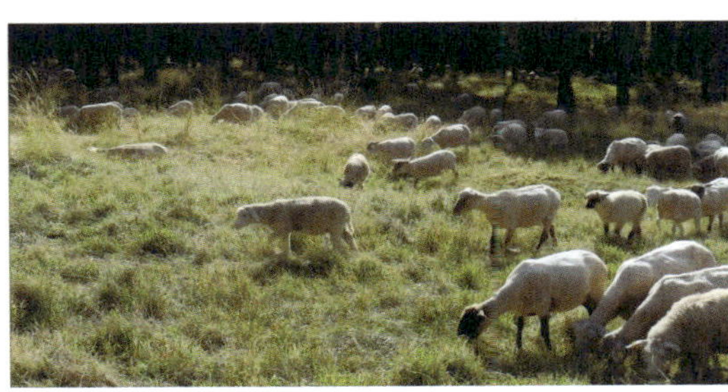

Schafherde bei Verdun / 56 Sek

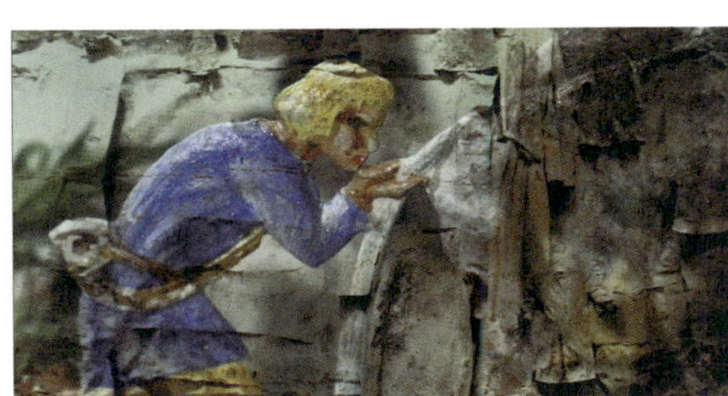

Siegfried von Xanten / 2:29 Min

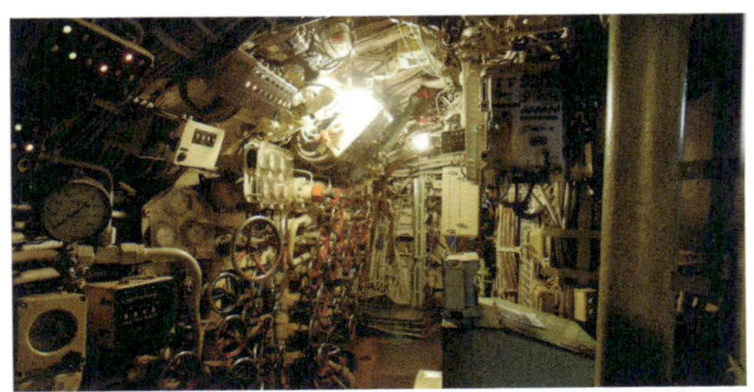

Klaustrophobie (in den Ruinen des größten konventionellen U-Boots der Welt) / 3:05 Min

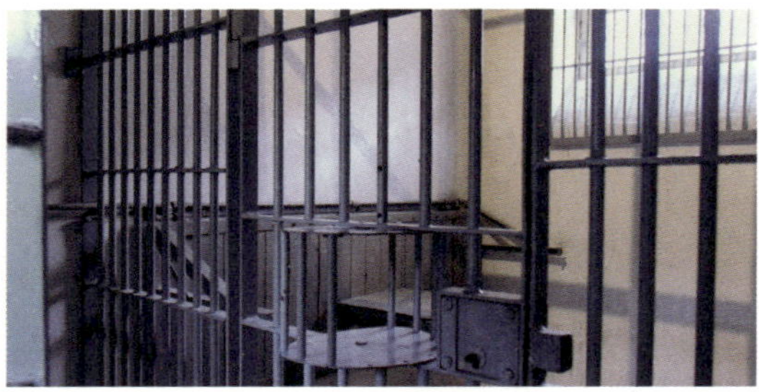

Lebenslänglich / 58 Sek

Schafherde bei Verdun

Von den mehr als 300 Tagen, welche die längste Schlacht des Ersten Weltkriegs dauerte, sind nur noch Granattrichter zu sehen. Wenn man die Schafe beobachtet, die das saftige Gras kosten, wäre es falsch, irgendetwas hinzuzufügen oder zu verfremden. Wie beim *Stechlinsee* oder bei den *Ausbruchsversuchen innerhalb der Gefängnismauern* geht es darum, zu entscheiden, wann etwas mit durchsichtiger Optik und wann etwas »verborgen« gefilmt werden sollte.

wer durch den vorhang zu sais hindurchgeht, wird verrückt.
siehe vitrine mit dem vorhang zu sais.

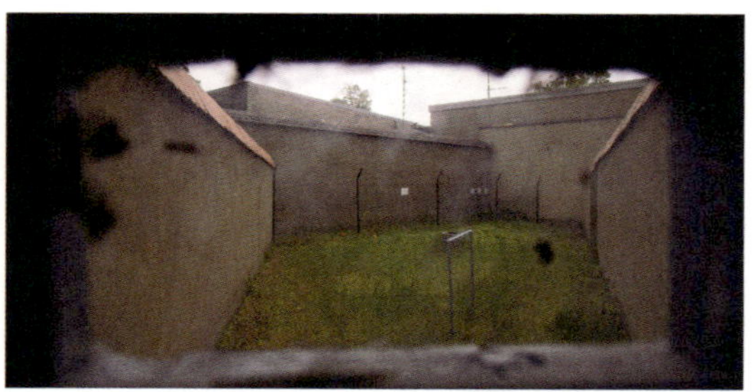

Ausbruchsversuche innerhalb der Gefängnismauern / 30 Sek

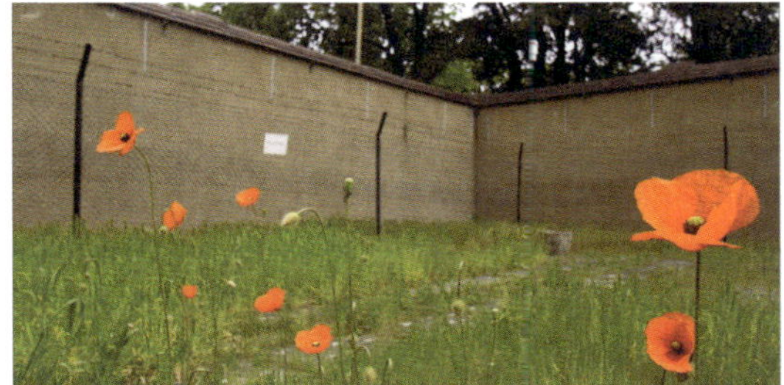

Hortus Conclusus / 1:02 Min

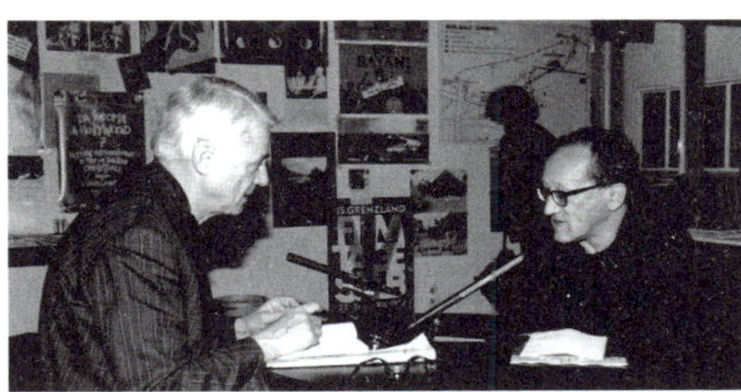

»Habe Berge versetzt, habe Wurzeln im Mund« / 5:12 Min

Unschärferelation

Jede Pflanze auf Erden, heißt es bei Dr. Fludd, hat ihre Entsprechung unter den Sternen. Jede poetische Wahrnehmung, zum Beispiel der Blick auf Blumen, auf ein Stück Erdkruste, einen Baum, hat ihre Entsprechung in der poetischen Valenz von Formeln der Physik, der Astronomie und der Mathematik. So verstehe ich Kiefers Neugier. Novalis sagt: Das absolut SZIENTIFISCHE ist zugleich das absolut POETISCHE. Das wahrt den Schwung der Romantik und sprengt zugleich ihre Grenzen und Verbohrtheiten. Romantik und Kritische Theorie bedingen einander.

Die Unschärferelation in der Quantenphysik ist eine der Entdeckungen, die die Bearbeitung durch die poetische Phantasie herausfordern. Heisenbergs Satz enthält keine bloße Regel und weist auch nicht auf irgendeinen Messfehler hin. Es geht vielmehr um ein HARTES NATURGESETZ: für Elementarteilchen lassen sich entweder der Ort oder der Bewegungsimpuls festlegen, nie beides gleichzeitig. Es ist so, als ob die Elementarteilchen sich in Quantengröße in zwei Paralleluniversen bewegen.

Es gibt in der Quantenwelt keine Null. Im absoluten Vakuum: Wenn die Substanz keinen Raum mehr einnimmt, geht vielmehr die Energie gegen unendlich. Der kosmische Alchemist sagt: das Potential des Nichts hat mehr Virulenz als der ganze Kosmos.

Ein entgegengesetztes Beispiel: Was geschieht, wenn die Masse überkompakt wird? Sterbende Sterne, deren Materie sich extrem auf einen Kern zusammengezogen hat, heißen weiße Zwerge. Wenn sie eine etwa 1,4-mal so große Masse wie unsere Sonne besitzen und auf die Größe der Erde geschrumpft sind, werden die Elementarteilchen so eng gepackt, dass für die Ankunft von weiteren Migranten kein Platz mehr existiert. Es gilt das strenge Pauli-Verbot: Wo ein Elementarteilchen schon ist, kann kein anderes hin. In dieser Lage geht der Radius einer solchen Sternenleiche gegen null. Der Stern ist instabil. Wird neue Materie hinzugefügt, fetzt der Stern in einer gewaltigen Explosion auseinander. Welcher Alchemist der Renaissance (oder Johannes Kepler) hätte gedacht, dass ein Gefäß oder ein Körper umso kleiner wird, je mehr Metall ich hineingieße.

Solche Naturwunder liegen den vielen Abbildungen einer Waage zugrunde, die sich in Kiefers Bildern finden. Hier beginnt der Ofen des Alchemisten zu leuchten. ALKAHEST. Als Parallelwelt zum Universum glüht der poetische Ofen.

bilder mit waage aus der ausstellung in salzburg.
bild »hortus philosophorum« in japan.
installation »das salz der erde« aus venedig.

zu deinem satz über das potential des nichts: nur wenn wir in unseren taten, in unseren entschlüssen zugleich deren negation sehen, sind wir mit dem nichts, das unser reichtum ist, verbunden … wie viele bilder habe ich schon verbrannt?

der philosoph andrea emo hat einmal gesagt: »diese fragmente würden, wenn sie einmal verbrannt würden, endlich etwas licht geben.«

siehe auch heraklit.

Sechs Filme

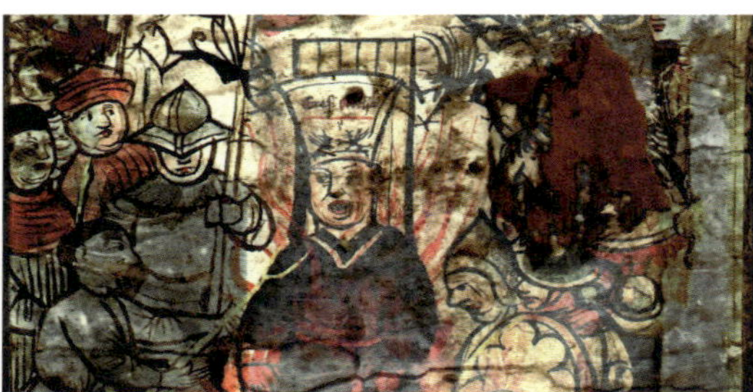

Jan Hus /
48 Sek

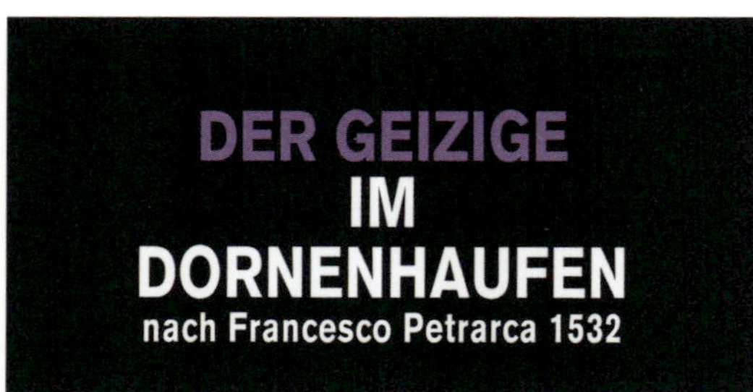

Der Geizige im
Dornenhaufen / 26 Sek

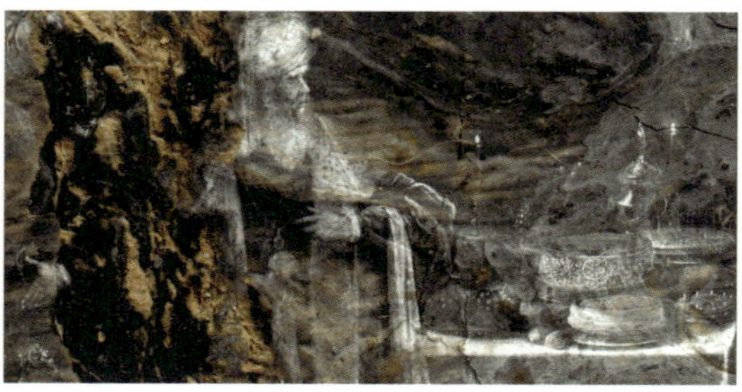

Das Gastmahl des
Belsazer / 1:02 Min

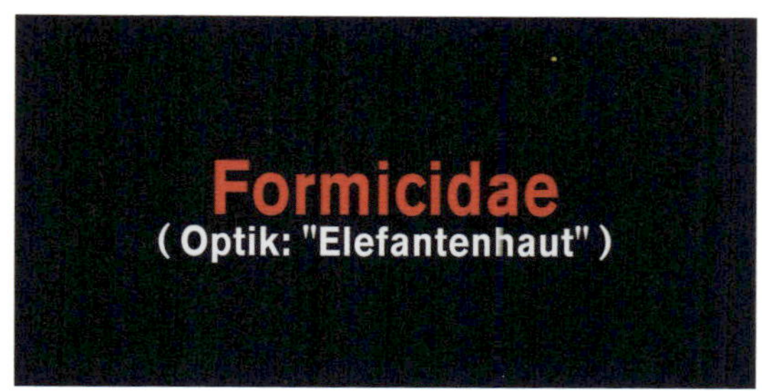

Formicidae /
31 Sek

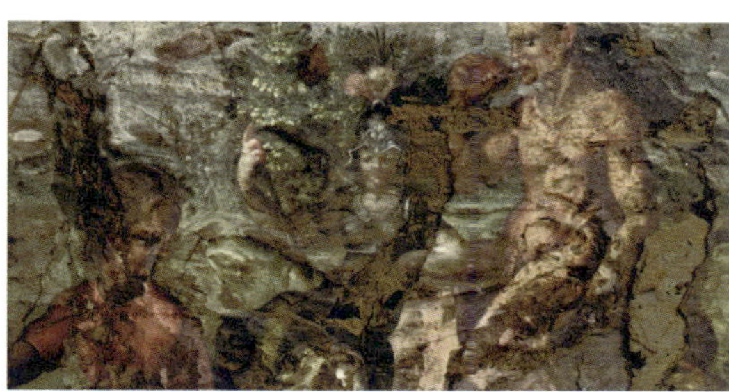

Neid. Triumphzug der
Invidia / 37 Sek

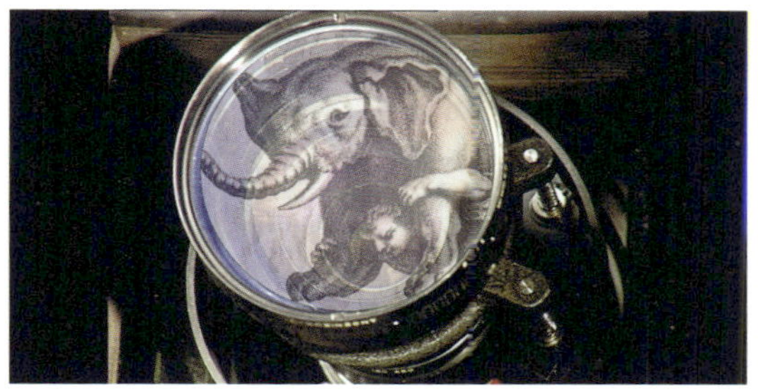

Die Bürde der Vernunft /
51 Sek

Stichwort: Elefantenhaut

Optiken für Filmkameras sind normalerweise aus durchsichtigem Glas, nach Brennweiten sortiert. Bei der klassischen 35-Millimeter-Kamera sind solche Optiken üblicherweise von 16 bis 600 Millimeter gestaffelt. Hinzu kommen Anamorphoten. Einige der Optiken reichen auf Traditionen zurück, die 500 Jahre alt sind, und stammen aus Holland. Auch wenn wir heute mit digitalem Gerät arbeiten, kann man die Charakteristiken dieser Filmproduktion zur Wirkung bringen. Die ursprüngliche Kamera der Filmgeschichte, von der zum Beispiel die Debrie-Kamera von 1921 abstammt, die neben der Arriflex meine Lieblingskamera ist (beide haben entgegengesetzte Eigenschaften), besaß außer einer Fülle von Optiken, die heute nicht mehr in Gebrauch sind, sogenannte »Masken«, die das Bild strukturieren, zum Beispiel in Stummfilmen von D.W. Griffith, Fritz Lang, Friedrich Wilhelm Murnau oder Sergej Eisenstein.

Manchmal haben solche Optiken, wenn sie älter sind, Fehler oder Einschlüsse im Glas. Einmal benutzte ich eine Optik, auf deren Linse Staub lag. Solche Fremdkörper oder solcher Staub liegen nicht im Fokus, werden also nicht »abgebildet auf dem Negativ«, sondern stören und verändern lediglich das gewohnte Bild. Ich fand solche »Fehler« fast immer eine Qualität. Aufgrund eines Hinweises von Hans Ulrich Obrist, habe ich in diesem Jahr Glastafeln von Kerstin Brätsch und Zeichnungen von Adele Röder – Inhaberinnen der Werkstatt DAS INSTITUT in New York – aus Anlass ihrer Ausstellung in der Serpentine Gallery in London als optische Linsen benutzt. Das brachte Anselm Kiefer und mich auf den Gedanken, etwas Ähnliches mit engen Ausschnitten von seinen Bildern zu versuchen. Kiefers Bilder sind bekanntermaßen riesengroß. Konzentriert man sich auf 30 oder 50 cm, sieht man stark gegliederte Feinstrukturen, teils Artefakte, also von ihm so gemalt, teils seiner Methode zu verdanken, allen Elementen, mit denen er arbeitet, also der Natur (Regen, Säuren, Farben, Alterungsprozessen) einen weiten Spielraum zu lassen. Das wirkt sich in der Mikrostruktur anders aus als in der Makrostruktur, an der sich der Betrachter im Museum oder in der Ausstellung orientiert. So etwas fand ich als Optik interessant. Ich schickte Kiefer Beispiele. Er wandte ein, dass man solche Optiken nicht aus vorhandenen, fertigen Gemälden, sondern aus von ihm anzuliefernden, besonderen »Stücken« machen sollte. Er nannte diese Stücke aus seiner Werkstatt »Elefantenhaut«. Schon zwei Tage nach dem Telefonat kamen mit Boten solche »Elefantenhäute« bei mir an. Mein Kameramann Thomas Willke hat, mit verschiedenen Belichtungen und Beleuchtungen, aus diesen Elefantenhäuten Optiken angefertigt. Nicht alle, aber ein Teil der Filmfragmente, die die Gespräche unterbrechen und ergänzen, beruhen auf dieser Aufnahmetechnik.

Die »optischen Fragmente« und die »Entwürfe aus der täglichen Arbeit« entsprechen nach meinem Eindruck dem, was bei uns Filmemachern die »Büchsen mit angeschnittenen Resten« sind.

Der Film ist jung und naiv. Gerade 120 Jahre alt. Die Malerei blickt auf Traditionen von mehr als 40 000 Jahren zurück. Ein junges Unternehmen wie der Film kann ungehemmt bei den Wissenschaften Anleihen machen. Ebenso bei der Mathematik oder der Musik. Man kommt dabei weg von der »bloßen Information«, weg von der »Zentralperspektive«, weg von der »Viereckigkeit der Quadrierung« und weg von der Gleichmacherei im Film. Das alles machen die Maler ohnehin, die sich aber Bildermacher nennen, wie wir Filmemacher heißen. Es liegt also nah, wenn Film und Malerei probeweise miteinander zusammenarbeiten. Auch wenn sie grundlegend verschiedene Medien sind.

zum staub auf der linse: habe viel mit asche gearbeitet, meine zuerst meist bunten (impressionistischen) bilder wurden oft mit asche, sand oder staub bedeckt – wurden dadurch vergeheimnisst, wurden durch diesen ikonoklasmus vom besonderen, aktuellen, gesonderten ins universale gehoben.

zu den »elefantenhäuten«: was ich dir geschickt habe, sind oft die ränder von bildern, die ich abgeschnitten habe, weil die bilder zu groß waren. indem ich die bilder abgeschnitten, also zum detail reduziert habe, habe ich sie wieder aktualisiert, ich habe sie also als detail aus dem allgemeinen (größeren zusammenhang) herausgenommen – so wie ein photo, ein film, nur den besonderen augenblick meint und nicht das ganze, nicht das ding als solches, so gibt es einen besonderen rhythmus: vom universalen zurück zum aktualen, das heißt zum besonderen, getrennten und dann wieder zum universalen.

oft habe ich »fertige« bilder auf buchseitenformate zerschnitten und diese seiten zu büchern gebunden.

zur zentralperspektive: in meinen vorlesungen im collège de france habe ich die evolutionstheorie auf die kunstgeschichte angewandt. in der malerei gibt es nicht die evolution, die zu immer komplexeren, »besseren« ergebnissen führt. sondern die malerei geht die leiter der evolution sowohl hinauf als auch hinunter. hinunter zu den höhlenzeichnungen oder zu den »primitiven« afrikanischen kulturen (les demoiselles d'avignon).

Drei Filme

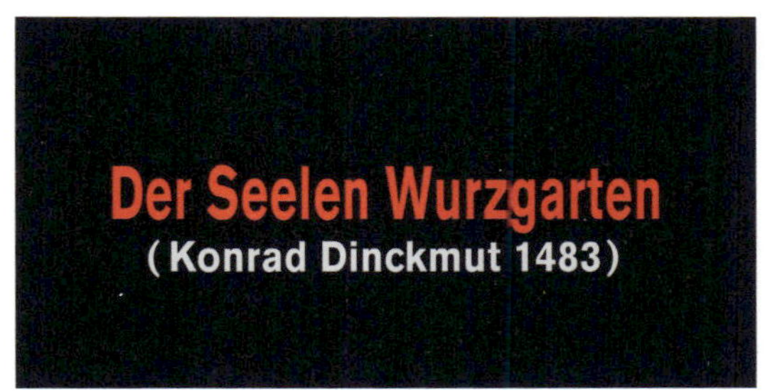

Der Seelen Wurzgarten / 56 Sek

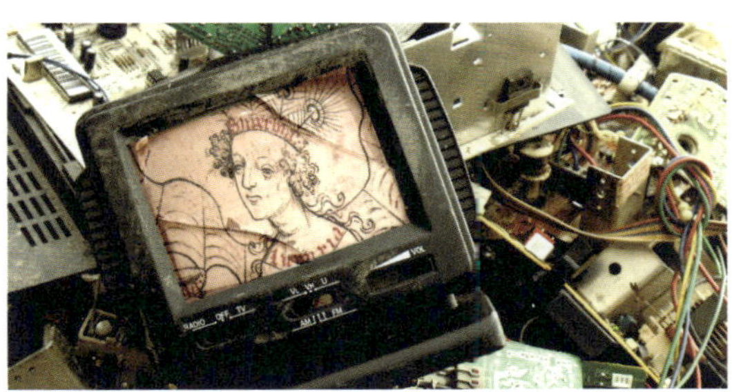

Frau Welt / 30 Sek

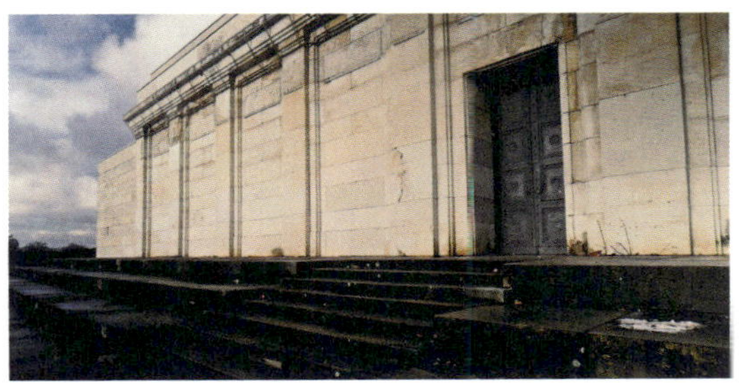

Parteitagsgelände in Nürnberg / 2:46 Min

Fünf Filme

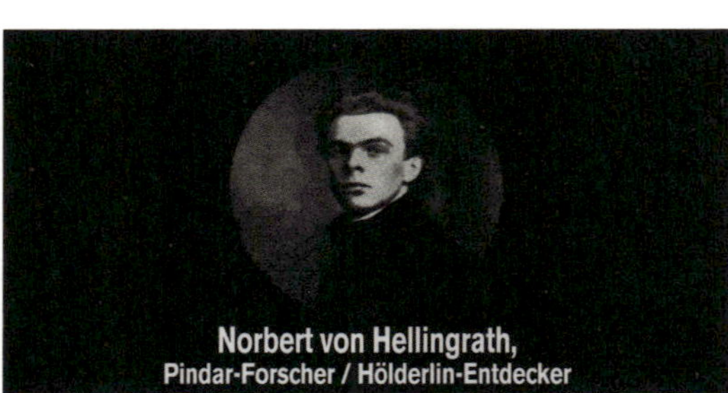

Norbert von Hellingrath, Pindar-Forscher / Hölderlin-Entdecker / 3:10 Min

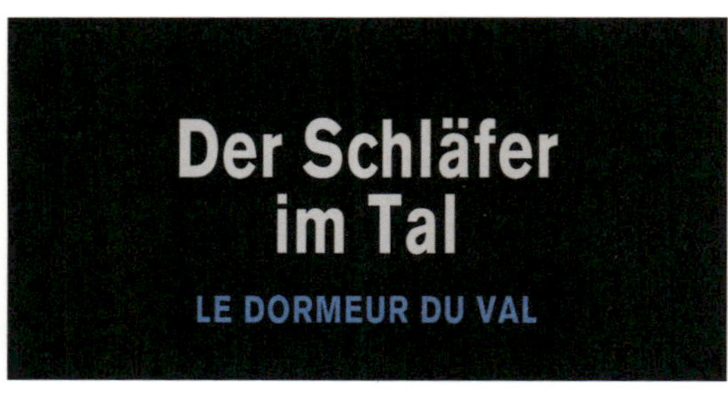

Der Schläfer im Tal / 36 Sek

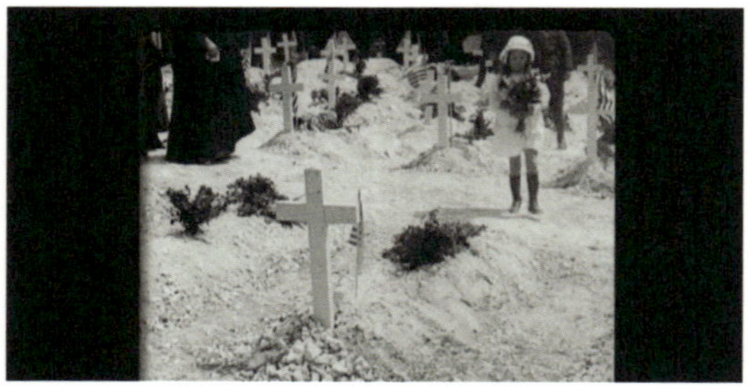

Gefallene Soldaten aus den USA / 3:26 Min

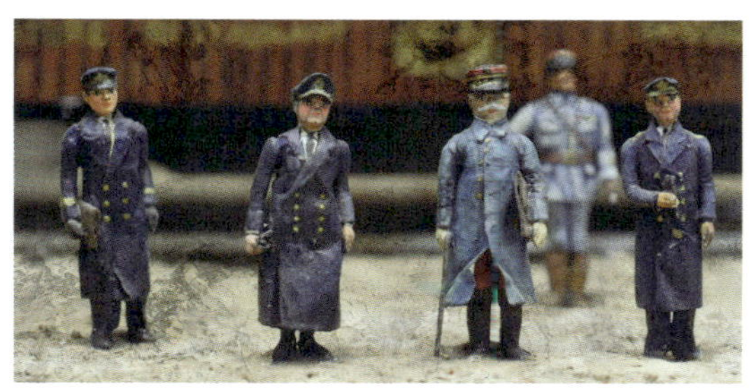

Compiègne (1918) /
1:56 Min

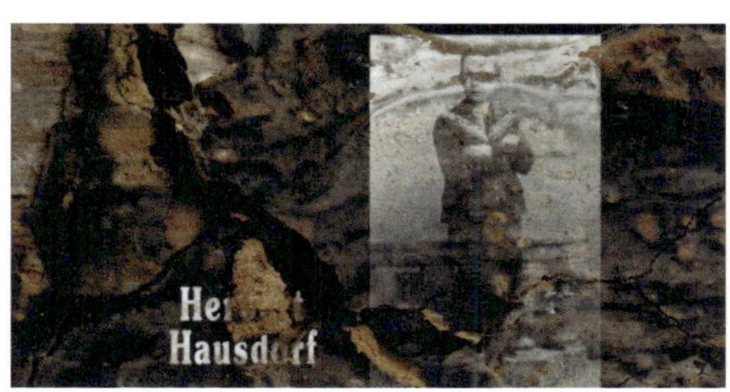

Herbert Hausdorf, Bruder
meiner Mutter / 3:12 Min

Drei Filme

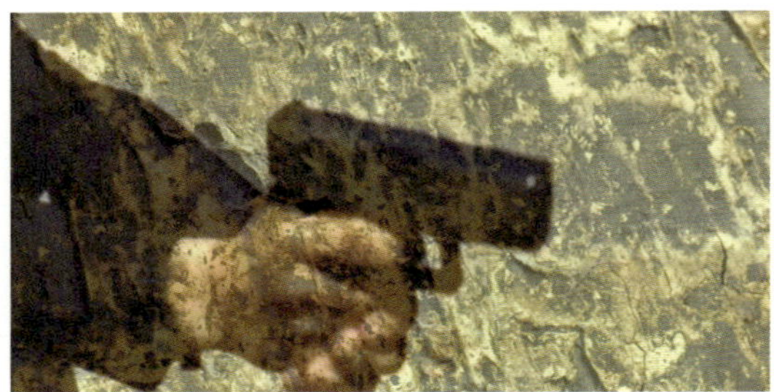

»Wenn es dem Dichter misslingt, in der Tragödie die richtigen Worte zu finden, brechen die ›tödlichen Worte‹ in die Wirklichkeit ein« (Hölderlin). Film mit Texten / 56 Sek

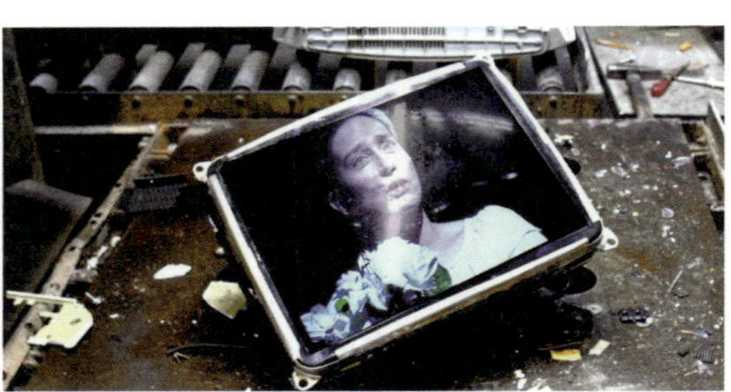

Die Seele und ihr Echo. Emilio de' Cavalieris Das Spiel von Seele und Körper aus dem Februar 1600 / 1:28 Min

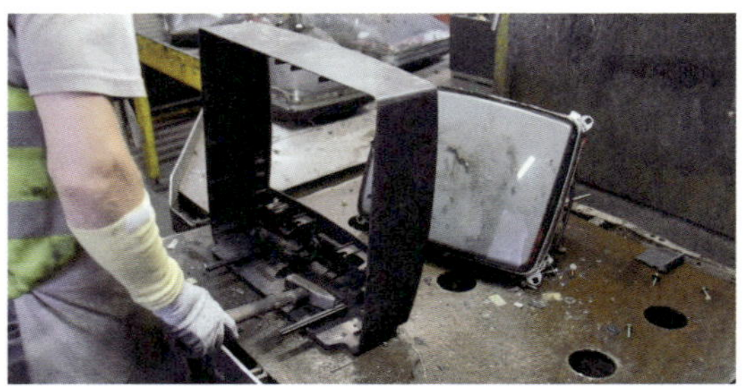

»410 Jahre OPER« / 2:01 Min

STATION 7

»Etwas, das geboren werden will, lebt schon jetzt unter uns«
Geschichten aus Anlass von Anselm Kiefers Werkblock
»Die Ungeborenen. Les non-nés«

Man kann sagen: Anselm Kiefer malt. Man kann aber auch sagen: Er baut. Dann geht es um Gefäße und Gehäuse der Erfahrung. Es geht darum, dass er Sonden benutzt. Und zwar da, wo der Diskurs aufhört oder nicht genügt. So nimmt in der Geschichte der Europa das Heu im Magen der Kuh Kontakt auf zur Götterwelt, zu den Sternen, aber auch zur Planck-Länge (der wahren Realität der Physik), die noch keiner gesehen hat, aber die auf uns alle einwirkt.

»Wovon man nicht sprechen kann, davon muss man singen.« Das ist nach Mozart der Leitspruch der Oper. Wovon man weder singen noch sprechen kann, das soll man in Zeichen fassen. Vermutlich gingen solche Zeichen dem Denken voraus. Es ist der Anfang der Theorie. Und in dieser Hinsicht ist Anselm Kiefer einerseits bildender Künstler und Maler, andererseits aber auch Theoretiker und Zeichensetzer, so wie man einen Komponisten auch Tonsetzer nennen kann.

Zwischen Kosmos und Themse

Himmelsphänomene wie der Trifidnebel, der Lagunennebel (beides innerhalb der Milchstraße) und die Plejaden bilden zusammen ein Dreieck. Zugleich bewegen sie sich unabhängig voneinander. Eine Vielfalt von Bewegungen.

Das »sah« der Astrophysiker Simon Portegies Zwart von der Sternwarte der niederländischen Universität Leiden auf den Excel-Tabellen seines Computers. Es handelt sich dort um Symbole und Zahlenketten. Nachts träumen die Daten, sagt er. Lässt man sie frei, verbinden sie sich zu einem MACHTVOLLEN STERNENZUG, der sich mit einer gewissen Majestät in offener Rundbahn um das Zentrum der Galaxie befindet. Kein Admiral könnte einen solchen Geleitzug führen. Gravitative Stürme, auch Krümmungen von Raum und Zeit selbst, wenn massereiche Körper und Zusammenstöße von Sternen und Milchstraßen Gravitationswellen aussenden, schubsen sie aus ihrer Bahn. So ereignet sich viel, während sich zum 28. Mal die GROSSE REVOLUTION unserer Sonne um den Kern der Milchstraße vollzieht, wozu der Sternenpulk unseres 20-Lichtjahre-Ausschnitts, unser Zwerggewächs, 250 Millionen Jahre benötigt.

Aus der Themse fischte Anselm Kiefer ein Paar Rollschuhe, die im Uferschlamm bereits einige Jahre gerostet hatten: Nachricht von einem sportlichen Interesse, das verschwand. Die bizarre Gestalt dieses Doppelgegenstandes bewegte den Künstler (auch Sammler, Sondierer, Experimentator), den Fund nach Paris mitzunehmen. In einem der Regale dort wartet das ehemalige Sportgerät auf den Einbau in ein Bild. Es geht darum, dass die vergammelten Rollschuhe sich (obwohl sie ruhig daliegen) im Umfeld des 20-Lichtjahre-Ausschnitts, der sie horizontal und vertikal umgibt, mit rund 234 Kilometern pro Sekunde um den Kern der Milchstraße bewegen. So stehen nicht nur Pflanzen, sondern auch Dinge mit dem Kosmos in Verbindung. Hinzu tritt die Zeit des Rostens, die auf den Regalen langsamer verläuft als einst in der Themse. Unbekannt ist der Zeitpunkt, an dem sich der Künstler entschließen wird, die beiden Individuen zu verwenden. So bilden die Rollschuhe eine UHR, auch wenn dieser Charakter, bei der endgültigen Bearbeitung durch Anselm Kiefer nur als unsichtbares Bild gegenwärtig sein mag. Bilder dieser Art, weder abstrakt noch abbildend, sind alchemistische Geräte des Geistes. Der Kosmos und der Zufall (so wie Kiefer das Unikat fand) sind ihre Beziehungsnetze.

Die Noch-nicht-Geborenen, die Zukünftler

Die Toten sind das Gericht, sagt Heiner Müller. Solange die Zahl der Toten größer ist als die der aktuell Lebenden, bleibt seit der Antike die Weltordnung stabil. Deshalb kann man sagen, so Heiner Müller, dass die Toten viel Arbeit leisten und keineswegs, wie es auf den Gräbern steht, »ruhen«. »Die Toten sind nicht tot.«

Aus der Zukunft aber kommen herangeflogen: die Scharen und Geschwader aller noch nicht Geborenen. Sie sind unbewaffnet. Sie fürchten die Verwüstung ihres Erbes. Sie fordern von uns Rechenschaft. Wie können sie das tun, wenn sie weder Münder noch Glieder oder Körper haben? Auch Seelen haben sie derzeit nicht, antwortete Müller. Aber sie besitzen Enklaven in uns, insofern, als wir selbst Zukünftige sind. Sie können unsere Vorstellungskraft entzünden. Auch irreführen? Das besonders. Sind sie Dämonen? Heiner Müller hielt sie, nachdem er Rat bei Andrej Tarkowski eingeholt hatte, eher für gutmütig. Wie manche Barbarenvölker können sie jedoch aus ihrer gleichförmigen Stimmung ausbrechen und die Welt lähmen, fuhr er fort. Kriege und Bürgerkriege entstehen künftig nicht im Kampf um die Ressourcen Land oder Wasser, auch nicht um Industrien oder Idole, sondern um das Stück Zukunft, das noch unbesetzt ist. Haben sie denn Bewusstsein, fragte ich. So viel wie wir. Gefahrenabwehr? Unmöglich. Wie will man die Noch-nicht-Geborenen, die Zukünftler, unsere eigene Zukunft, mit wirksamen Waffen treffen?

Gewaltgeburt in höchster Not

Wir, zwei deutsche Frauenärzte, Koryphäen, wurden im Herbst 1945 zu einem Konsilium in das Hauptquartier der Roten Armee bei Berlin gerufen. Mit schnellen Fahrzeugen bringt man uns zum Ort. Äußerlich hat es den Anschein einer Verhaftung.

Eine Gruppe russischer Ärzte, ergänzt um Offiziere und Geheimdienstler, umstanden das Wochenbett der Frau eines der höheren Kommandanten, einer Riesin. Das Kind, das in ihr ruhte, schien ebenfalls ein Riese. Schon seit Stunden stand die Geburt still. Keiner wusste weiter. Die Haltung der russischen Umgebung war drohend; wir hatten den Eindruck, uns würde es nicht bekommen, wenn wir scheiterten.

Das Konsilium riet zu einer Zange. Ich bekam das Kind zu fassen. Und obwohl wir Frauenärzte Experten der Feinsteuerung sind, zog ich, auch aus Furcht vor den Umstehenden, mit meinem ganzen Körpergewicht gewaltsam ein zehnpfündiges Kind in die Welt: frei von Schädigungen, rosig durchblutet und sofort durchatmend. Wodka in Massen, Umarmungen. Hammel auf großen Tabletts. Noch die Reste anderntags, ein Stillleben.

Der Arzt Maimonides galt als Zauberer

Auf den Arzt und Kabbalisten Moses Maimonides geht eine Geburtstechnik zurück, die Frau und Kind in Fällen eines gefährlich engen Beckens der Gebärenden rettet. Sie heißt Beckenhängelage. Der Arzt, der sich auf arabische Quellen stützte, lagerte die gefährdete Frau mit dem Kreuzbein auf der Tischkante. Das Herabhängenlassen der Beine vergrößert die Verbindung zwischen der Schamfuge und dem Promontorium, dem Übergang von der Lendenwirbelsäule zum Kreuzbein. Durch diese Hängelage klappt das Becken geringfügig auf und bildet neue Winkel. Dadurch gewinnt der Arzt eine Erweiterung, von geringerem Umfang als die Fläche eines Fingernagels. Das genügte, damit der Kopf eines veritablen arabischen Prinzen in Córdoba durch das zu enge Geburtsfeld der Kalifentochter sich hindurchzwängen konnte. Das steigerte Maimonides' Ruhm bei Christen, Arabern, Juden und Heiden.

Geboren zwischen den Zeiten

Als Anselm Kiefer geboren wurde, waren Süddeutschlands Himmel voller alliierter Flugzeuge. Er selbst wurde im Luftschutzraum eines Krankenhauses in Donaueschingen geboren. In seinem Bild DIE ARGONAUTEN ist ein Jagdbomber aus Blei zu sehen, auf dem linken Steuerflügel am Schwanz der Propellermaschine steht das Wort JASON. Das ist der Mann, der das goldene Vlies raubte, Medea entführte und später bitter verriet. Medea, in Wahrheit eine Göttin, strafte diesen enttäuschenden Mann, indem sie die gemeinsamen Kinder »ungeboren« machte. Die von diesem Geschehen handelnde Tragödie hatte Uraufführung am Tage des Ausbruchs des Peloponnesischen Kriegs, der 27 Jahre dauerte. Sie war ein Propagandastück, gerichtet gegen die feindliche Stadt Korinth.

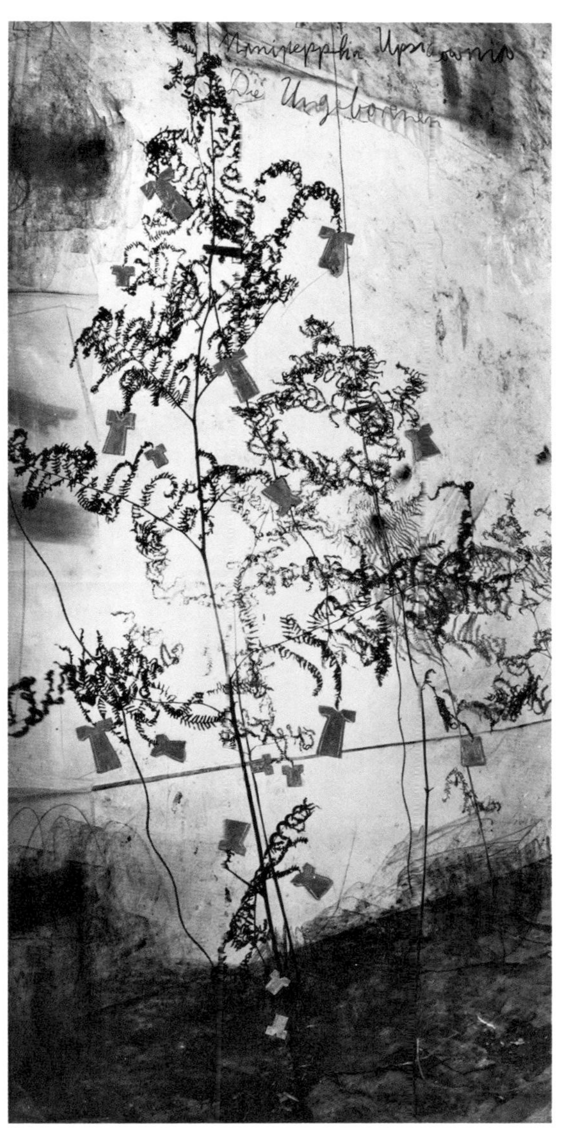

Manipepplia Upsidownia, Die Ungeborenen
1987
Gouache und Blei auf Schwarz-Weiß-Photographie
126,6 × 60,5 cm

Gefahr für die Neugeborenen von Antiochia

Dr. Robert Fludd berichtet: Im dreizehnten Regierungsjahr des Kaisers Justinian näherte sich (wie schon mehrfach in den vergangenen tausend Jahren) eine Erdbebenwelle der Stadt Byzanz. In Anatolien, auch in Richtung der Hauptstadt des Reiches, wütete die Pest. Von Osten her drohte das Reiterheer der Parther einzufallen. Viele Christenprediger und Heiden hielten den Kaiser für einen Gottesfeind, weil sich ja zeigte, wie wenig Heil von seiner Herrschaft ausging.

In jenen Tagen ging das Gerücht um, in Antiochia sei soeben der Antichrist geboren worden. Da in der Kirchenhierarchie des Patriarchats Antiochia niemand wusste, in welchem der zahlreichen Neugeborenen der Megastadt dieser Gegengeist sich befindet (nicht zu verwechseln mit Satan, der ja ein Engel ist, oder mit Luzifer, dem gestürzten Lichtkörper, auch nicht Fürst der Finsternis oder Teufel, sondern der ZUKUNFTSHASSER, die aufgehende Sonne, die zum Jüngsten Gericht führt), wurde der Vorschlag entwickelt, den ganzen Jahrgang der Frischgeborenen von Antiochia umzubringen. Dann würde der Antichrist wohl auch dabei sein. Der Patriarch von Antiochia neigte zu dieser Auffassung.

Dem widersprach der Patriarch von Alexandria heftig. Sein Votum wog mehr als das des Patriarchen von Antiochia. Wieso dürfe man in Gottes Handeln eingreifen, wenn dieser die Geburt des Antichristen zulasse oder sogar bewirkt habe? Nimmt der Bischof von Antiochia an, es gäbe zwei Götter, den kleinen und den großen Gott? Deren Handeln unterschiedlich sei, so dass einer der beiden als Urheber des Antichristen unbeteiligt sei? Dann wäre das Häresie. Und wolle man einen Kindesmord begehen, ähnlich dem des Herodes? Wenn doch die Geburt des Antichristen nach der Schrift die Zeit von tausend Jahren bis zum Jüngsten Gericht einleite, das doch Gottesnotwendigkeit sei. Wie soll es zur Erlösung kommen, wenn man den Weg dorthin durch Mord versperrt?

Die mit viel Hader geführte Kontroverse verzögerte jede Aktion so lange, bis der Tötungsplan aus praktischen Gründen obsolet geworden war, weil viele Kinder aus Antiochia bereits an andere Orte des Reichs gebracht worden oder auf sonstige Weise nicht mehr zuverlässig zu finden waren. Man konnte also durch das Umbringen der Neugeborenen nicht ausschließen, dass der Antichrist heranwachse, und hätte doch Kinder ermordet. So geschah nichts. Es trat auch kein Antichrist später öffentlich in Erscheinung. Zu dem Zeitpunkt, an dem das Kind, in welchem der Widersacher hätte stecken können, das Mannesalter erreicht hätte, ergab sich kein Auftritt oder öffentliches Zeichen, so dass das Gerücht und die Weissagung vergessen wurden. So blieb ein Jahrgang von Kindern vor dem Tod bewahrt. Der Chronist Hilarion weist zusätzlich darauf hin, dass die Behörden nicht gewusst hätten, wie man eine solche Massenexekution überhaupt praktiziert: bei empörten, widerspenstigen Eltern und mit Hilfe unmotivierter Soldaten.

Urtümliche Assoziation der Materie

Anselm Kiefer fesselte ein Bericht in der Zeitschrift *Nature* über die Konsistenz und die Gestalt einiger Asteroiden, die von einer NASA-Sonde aus der Nähe beobachtet worden waren. Sie waren nicht aus Stein und auch keine Klumpen fremder Materie, sondern bestanden aus einer Schichtung von Fragmenten, dünnen Flächen, zusammengehalten von der geringen Schwerkraft der Himmelskörper. Käme ein massiver Körper in die Nähe dieser komplexen »Häufelung von Tafeln«, würden sie, so der Astrophysiker Frank Douglas, wie Späne auseinanderfliegen. Schon der nahe Vorbeiflug des winzigen irdischen Raumkörpers ließ die Schrottmasse beben.

Die Astrophysiker begeisterten sich an diesem Ergebnis. Es dokumentierte eine der frühen Phasen des Solarsystems: Wie aus Brüchigkeiten feste Körper entstehen. Vermutlich, sagten sie, handelte es sich bei den vermessenen stellaren Gebilden nicht um Planetoiden, sondern um »eingefangene«, »beruhigte« Kometen aus der Oortschen Wolke, die auf eine Bahn zwischen Jupiter und Mars geraten und in den Zug der Planetoiden eingereiht worden waren. Anselm Kiefer wiederum erinnerten diese »kosmischen Installationen der Götter« an Gebilde, die er in seinem Kunstgarten in Frankreich mühsam durch Schichten von Materialien und deren Bearbeitung durch Wind und Wetter erzeugte.

Wiederkehr des Himmelsäthers

Etwa 300 Jahre lang gingen Astrophysik und Physik davon aus, dass die Gestirne, alles Leben, die Dinge und auch das Vakuum von einem verbindenden Kraftfeld, der Quintessenz oder dem Äther, zusammengehalten würden. Newton, der außer in der Physik auch in den Geheimwissenschaften und der Theologie bewandert war, nannte dies GOTTES HAND. Dann fegten an der Wende zum 20. Jahrhundert James Clerk Maxwell und Albert Einstein den Äther aus dem Weltbild der Physik. Neuerdings untersuchen die SPÄHER DER NATURERKENNTNIS DES 21. JAHRHUNDERTS mit ihrer großen Maschine des CERN, ein extremes Mikroskop und Fernrohr zugleich, nach winzigen eindimensionalen FÄDEN, deren Schwingung alle Materie, Antimaterie, das Gewordene und das Ungewordene und die dunkle Materie, also den Löwenanteil der Substanz und vor allem das Vakuum einbettet und in Bewegung hält. Die Schwingungen, die Sein und Nichtsein wie einen Himmelsäther verbinden, also untrennbar voneinander machen, sind eine HIMMELSMUSIK, die auf Planck-Länge stattfindet und schon seit Anfang unseres Universums erklingt. Diese Theorie, zu deren Bestätigung durch die GROSSE MASCHINE noch viel Zeit vergehen wird, setzt Parallelwelten zu der unseren voraus. Nur die Schwingungen der winzigen Fäden »tunneln« durch alle Universen. Das Vakuum, Sitz der Potenz, ist ihr Lieblingsaufenthalt.

Tunnelbau

Es explodiert die Gegenwart. Sie verdrängt alle Vergangenheiten, besetzt (oder verkauft) breite Felder der Zukunft, führt Fesselungskämpfe mit dem Konjunktiv, bestreitet den Möglichkeitssinn, macht ihn unkenntlich, brennt dessen Gärten und Felder ab. Dann aber, in Üppigkeit, bricht es aus den Menschen heraus, die solche Herrschaft der Gegenwart nicht dulden. Der Überschuss, den sie in keiner Gegenwart unterbringen, sprengt die Grenzen, welche die Lebenszeit setzt. Wir wollen uns verwirklichen, sagen die Impulse, die »Moose« und »flächendeckenden Flechten«, die in uns, den Subjekten, wachsen, und darauf beharren, dass das, was wir von Natur aus können, sich in Lebendigkeit verwandelt: Und wenn es sechs, zwölf, achtzehn solcher Leben kostet.

Die Multiplikation des Lebens fand zunächst im 18. Jahrhundert im Licht von Kerzen und Leselampen statt. Sie ereignete sich in den Romanen und wurde noch im 20. Jahrhundert praktiziert, neben der sogenannten Realität. Die KOLONNEN DES MÖGLICHEN erhalten sich aber nicht ohne Fässer, Röhren, Flaschen, Körbe und Behälter. Es ist ein Irrtum, sagt der Philosoph Plotin, dass die Behälter, in denen sich die Möglichkeiten aufhalten, aus Glas wären. Aber stets finden sie eine FORM, an die sie sich klammern oder in die sie, eingefüllt, auf ihre Zukunft warten. Zwischen den Flächen eindimensionaler Kristalle, so Plotin, also gar nicht im »Raum«, fühlen sie sich am wohlsten: ganz Selbstbewusstsein und Erwartung ihres Einzugs in die Wirklichkeit.

In einem unserer Gespräche sprach Anselm Kiefer vom Tunnelbau. Als Kind, berichtete er, noch von keiner Schule kujoniert, grub er Unterstände im Garten. Ich war verblüfft. Auch ich hatte im Garten Tunnel gebaut.

Auf das Erdloch, in das die Wurzeln des Gebüschs ragten, ließen sich Bretter und eine ausrangierte Tür legen. In einem der Tunnel befand sich auch ein Glasfenster (so dass Aussicht zum Himmel bestand). Das waren meine »Häuser«. Etwa anderthalb Meter dem Erdmittelpunkt näher als die bare Oberfläche des Rasens, der Kieswege oder des Teichs. Von dort aus kann man Sternenkunde betreiben. Dazu reicht eine Heftausgabe des *Kosmos*, herausgegeben von Bruno H. Bürgel.

Man muss die Sterne nicht sehen, antwortete Kiefer, um ihre Bahn zu verfolgen. Aber man benötigt als »Adept der Welt von unten« etwas zum Hinabsteigen, um hinaufzugelangen.

Das Labyrinth als Grube

In seinem 42 000-Wörter-Traktat *Heide, nichts als Heide* lenkt Arno Schmidt das Auge des Lesers auf die konventionelle Darstellung des Labyrinths. Wir sehen, notiert er, von oben auf einen solchen Bau und schauen so auf die Wege und Mauern. Wir blicken darauf wie Kontrolleure. So nimmt niemand das Labyrinth wahr, wenn er darin verloren ist.

Tatsächlich, so führt Arno Schmidt seine Beobachtung weiter, ist das Labyrinth kein horizontal sich erstreckender Bau. Das geht aus ägyptischen Quellen hervor. Vielmehr sind Labyrinthe in die *Tiefe* gerichtet. Das ist ja das, was die Eindringlinge im Labyrinth schockiert. Sie bewegen sich ohne sichtbares Ende zum Erdmittelpunkt, nicht einmal geradewegs, sondern auf einer Schräge. Man könnte dies, wäre es übersichtlich, mit einem Bergwerk oder einer Katakombe vergleichen. Es fehle aber an einer passenden Bezeichnung für den Ort, weil man im Dunklen zuletzt gar nicht wisse, ob man gestiegen oder abwärts gegangen sei. Die Lage werde zusätzlich erschwert, weil die Möglichkeit, nach oben ans Licht zu fliehen, durch den Willen versperrt sei, das Geheimnis des Abgrunds endgültig zu erforschen. Man kann vom Labyrinth nicht lassen, dies sei sein Verhängnis.

»Wer sagt, dass Steine kein Leben haben können?«

In der Abteilung von Prof. Dr. Six im Reichssicherheitshauptamt, das eine Art von Spionageorganisation zur Erforschung der rassischen und der freimaurerischen Gegner (und auch mancher rätselhafter Nomadenvölker) darstellte, wurde ab Jahreswechsel 1942/1943 nach Angaben eines in Südwestfrankreich verhafteten Mannes, der sich als Wiedergeburt des Rabbi Nathan (um 200 nach Christus) ausgab, ein lehmhaltiger Stein bearbeitet. Absicht war, daraus einen Golem zu formen. Vielleicht ließen sich mit Hilfe eines solchen »Werkzeugs Gottes« US-Bomber vom Himmel holen? Einmal schien es, als finge der Stein an zu glühen (man hatte aber keine Gewissheit, dass es sich um einen der echten Steine aus Ägypten handelte).

Dann zerstörte der Bombenangriff vom 23. November 1943 auf Berlin diese alchemistische Werkstatt und tötete den angeblich oder wirklich wiedergeborenen Rabbi oder aber einen Hochstapler, das war nachträglich nicht mehr festzustellen. Während des gesamten Projekts äußerte Prof. Dr. Six Zweifel, ob eine »Überlistung Gottes« durch eine Reichsbehörde überhaupt je möglich sein werde. Man solle sich vorsehen, sagte der Experte, dass ein Golem die Kräfte nicht gegen seine Erzeuger wendet, sobald er erkannt hätte, dass er den falschen Leuten dienen solle. Der Stein lag in Trümmern, nicht kittbar, so erübrigte sich die weitere Erörterung.

Projekt Homunkulus

Goethe traf Petit, das zeitweilige Mitglied des Wohlfahrtsausschusses, während einer Badekur in Wiesbaden. Es ist bekannt, dass der Dichter seine Geheimkontakte zu französischen Revolutionären wie zu den Geheimgesellschaften der Freimaurer stets leugnete. Auch seine Verbindung mit italienischen und böhmischen Chemikern räumte er nicht ein, weil das seine Stellung als Minister hätte in Gefahr bringen können. Insofern gibt es einen *Untergrund-*

Goethe. Zwölf Jahre nach Ende der Revolution noch gehörte er zu den wenigen, die die gesetzten Impulse weiter verfolgten, insbesondere das Projekt der Pflanzstätten, des Gartenbaus und der Menschenzüchtung.* Eine Position, in der Goethe mit Petit während des kurzen Aufenthalts an den Ufern des Rheins keine Verständigung erzielen konnte, war das PROJEKT HOMUNKULUS. Die Züchtung eines künstlichen Menschen mit den Mitteln der Chemie hielt Petit für antirevolutionär. Jedes Projekt einer Parallel-Menschheit lehnt der Wohlfahrtsausschuss ab, sagte er. Das war aus okkulter Erfahrung nicht Goethes Meinung. Er hatte hinter dem Glas die Lichterscheinung eines Menschleins gesehen, hatte miterlebt, wie dieses »bewegliche Wesen« (um nicht zu sagen Lebewesen) das Glas zerschlug, hinaustrat und sich verständlich äußerte. Der nervös gewordene Alchimist erschlug es, Goethe hielt das für Mord. Das war in einem Städtchen Norditaliens.

Er selber war dem Homunkulus-Projekt nachgegangen, ohne den Versuch zu machen, ein solches Wesen zu erzeugen. Er hätte nicht gewusst, wo er es aufbewahren sollte. Wie wird es ernährt? Wer behütet es vor Missverständnissen der Umwelt? Er hatte als berühmter Mann nicht die Zeit, so etwas selber zu tun und war sein Leben lang abgeneigt, Projekte zu verfolgen, die er nicht selber kontrollierte.

Ein solches Wesen, wesentlich kleiner als ein Mensch, aber großenteils in der Gestalt eines Menschen, muss nichts lernen, sagt Paracelsus, sondern *wir* müssen von *ihm* lernen. Es hat von seinem Schöpfer alles übernommen, was dieser weiß und worüber dieser

* Goethe ist, wie sich aus den Geheimschriften ergibt, der Auffassung, dass sämtliche Ansätze der Französischen Revolution gesammelt und auf eine Zeitstrecke von 30000 Jahre projiziert gehören; an diesem korrekten Zeitmaß für »Veränderung des Menschengeschlechts« zeige sich von selbst, was daran substantiell und was Phrase sei. Auch könne sich erweisen, dass das Projekt hinfällig sei. Er aber nehme an, dass die geringe Chance, das »defiziente« Menschengeschlecht auf eine STRASSE DES FORTSCHRITTS zu setzen, in einem solchen Zeitmaß sich erweisen werde. Es sei offensichtlich ein Funken versteckt im Menschen, dessen Entwicklung aussichtsreich sei. Alle Ideen, diesen Funken aufzufinden und in Perpetuierung zu versetzen, litten jedoch an Übereilung.

als Gestalt verfügt. Wie ein Magnet zieht es chemisch (und vermutlich nach den Gesetzen des Lichts, ergänzt Goethe) aus dem Menschen, der den Homunkulus erzeugt, die Information heraus. Und zwar in idolisierter Form, d.h. dieses Wesen, das chemisch Mond und Sonne darstellt, sortiert DAS SCHÖNE, DAS ABSTRAKTE, DAS NICHTDIFFERENZIERTE voneinander und bildet so einen magischen Spiegel des unvollkommenen Adam. Der junge Goethe hielt das für ein Projekt, das man wie eine Porzellanmanufaktur, wie eine Pflanzschule von Seidenraupenbäumen einrichten und durch das man der Menschheit eine Hilfskraft zueignen könnte, die für das Jahrhundert des Progresses die Entscheidungsschlacht liefert.

Später, mit abnehmender Lebensenergie, wurde Goethe vorsichtiger. Wie soll der defiziente Modus* Mensch in der Lage sein, ein Idol zu erwecken, das sozusagen seine guten Eigenschaften potenziert, zugleich selbst aber keine Menschenrechte beansprucht, sondern als Diener den besseren Menschen IN MIR erzeugt? Das schien ihm dann doch eher unwahrscheinlich in Anbetracht der übrigen Menschengeschichte. Er hat deshalb in *Faust II* den Homunkulus so dargestellt, dass er wie eine Flaschenpost ins Meer geworfen wird. Nach den Lehren der homöopathischen Potenzierung, wie sie Paracelsus vertritt, ist es nicht unmöglich, dass sich am Spurenelement dieses Homunkulus, sagt Goethe in den *Geheimschriften*, winzige Lebewesen am Sockel der Antarktis (heute kennen wir sie als Krill) infizieren und aus den Ozeanen eine zweite Intelligenz hervortritt, konkurrierend zur »sich abwertenden Menschheit«. Der neue Mensch oder die Intelligenz, die ihn auf dem blauen Planeten ersetzt, brauche die gesamte Zeit der Evolution, um zu entstehen. Das ist das Ergebnis, zu dem Goethe nach geheimen Laboratoriumsversuchen außerhalb von Wei-

* Defizient = es fehlen wesentliche Teile zu einem glücklichen Gelingen. Der Mensch ist ein Mangelwesen.

mar im 12. Jahr nach der Französischen Revolution gelangt. Es ist, sagt Goethe, ein Versäumnis, damit nicht oder zu spät zu beginnen. Und es ist Übereilung, wenn man sich den Zeitraum, der für die Entstehung erforderlich ist, kürzer vorstellt. Man solle eine solche zweite Evolution keinesfalls Homunkulus nennen, weil die Verkleinerungsform abwegig sei. Oft hielt Goethe die geheimnisvollen Medusen, vor allem die, die in der Mitte des Atlantiks wohnen, für Kandidaten einer alternativen Intelligenz.

Chor der Ungeborenen

In Leverkusen gastierte aus Uralsk kommend, einer Stadt in Russland, die über ein multifunktionales Kulturzentrum, aber über keine Oper verfügte, ein Pauken- und Mandolinenorchester, das sich vorgenommen hatte, die Noten von Robert Schumanns *Szenen aus Goethes Faust* zu spielen, darunter die Fragmente aus *Faust II*, 5. Akt. Das sechste Fragment betrifft den Chor Seliger Knaben: die UNGEBORENEN. Der Pater Seraphicus nennt sie MITTERNACHTS GEBORNE. Es handelt sich um totgeborene Kinder, auch um abgetriebene (zu ihnen würde auch Fausts ungeborenes Kind zählen). Der Pater Seraphicus spricht während Faustens Himmelsfahrt diese »junge Geisterschar« an. Er »nimmt sie in sich«. Steigt herab, sagt er zu den Ungeborenen. »Steigt herab in meiner Augen / Welt- und erdgemäß Organ.« Sie sollen seine Augen gebrauchen, um die Bäume, Felsen und Wasserströme, also die Wirklichkeit, die sie nie erfahren haben, mit ihren frischen Augen anzusehen.

Später befinden die Knaben sich in der Brust des Paters. Hier wollen sie bleiben, sagen sie. Von der Wirklichkeit draußen wollen sie nichts wissen. »Zu düster ist der Ort.« Als die Engel »Faustens Unsterbliches tragend« heranschweben, kreisen diese Ungeborenen um die »höchsten Gipfel«. Im freiesten Äther, heißt es, waltet der Geister Nahrung.

Das wurde von den musikalischen Ferngeistern aus Uralsk in russischer Sprache und zum seltsamen Ton der Mandolinen im Saal des Volksbildungsheims Leverkusen vorgetragen. Zwanzig Jahre hatte die Geliebte, die Büßerin Gretchen, auf die Heimkehr des Verführers Faust gewartet. Jetzt, als Toter, wird er, ein Rest utopischer Pläne, zu ihr herangetragen. Es geht um »frisches Leben«. Zeugen des Ereignisses sind die Ungeborenen.

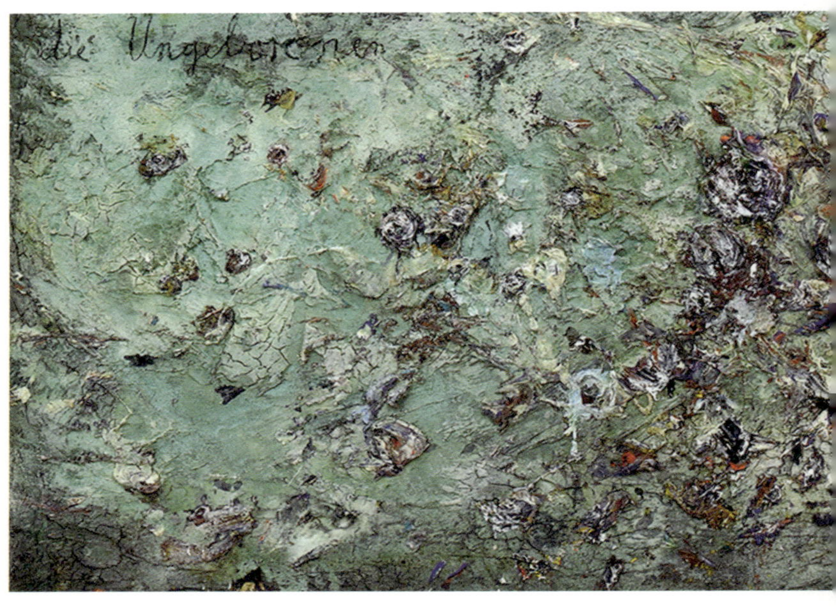

Die Ungeborenen
2010-2012
Öl, Emulsion, Acryl, Schellack, Elektrolyse-Sediment und Kohle auf Leinwand
190 × 566 × 10 cm

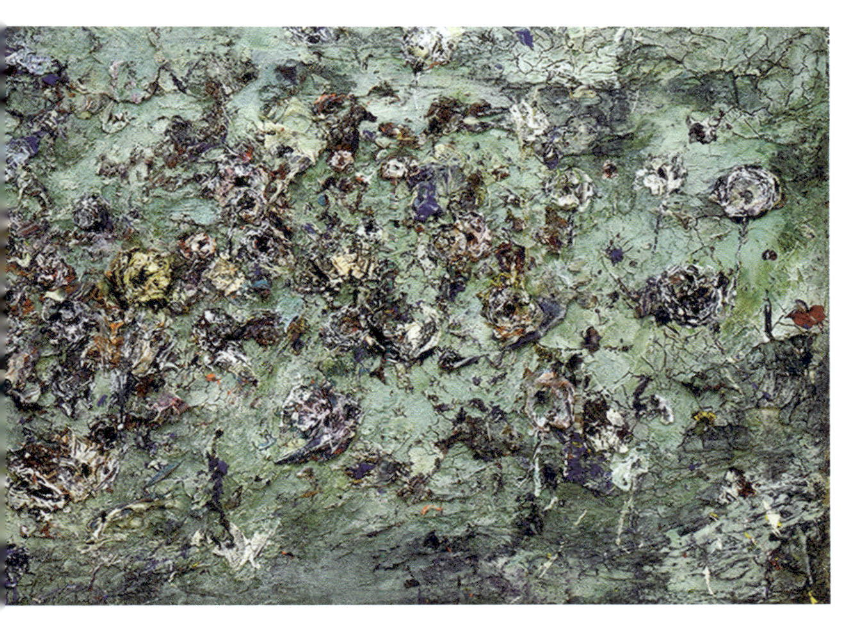

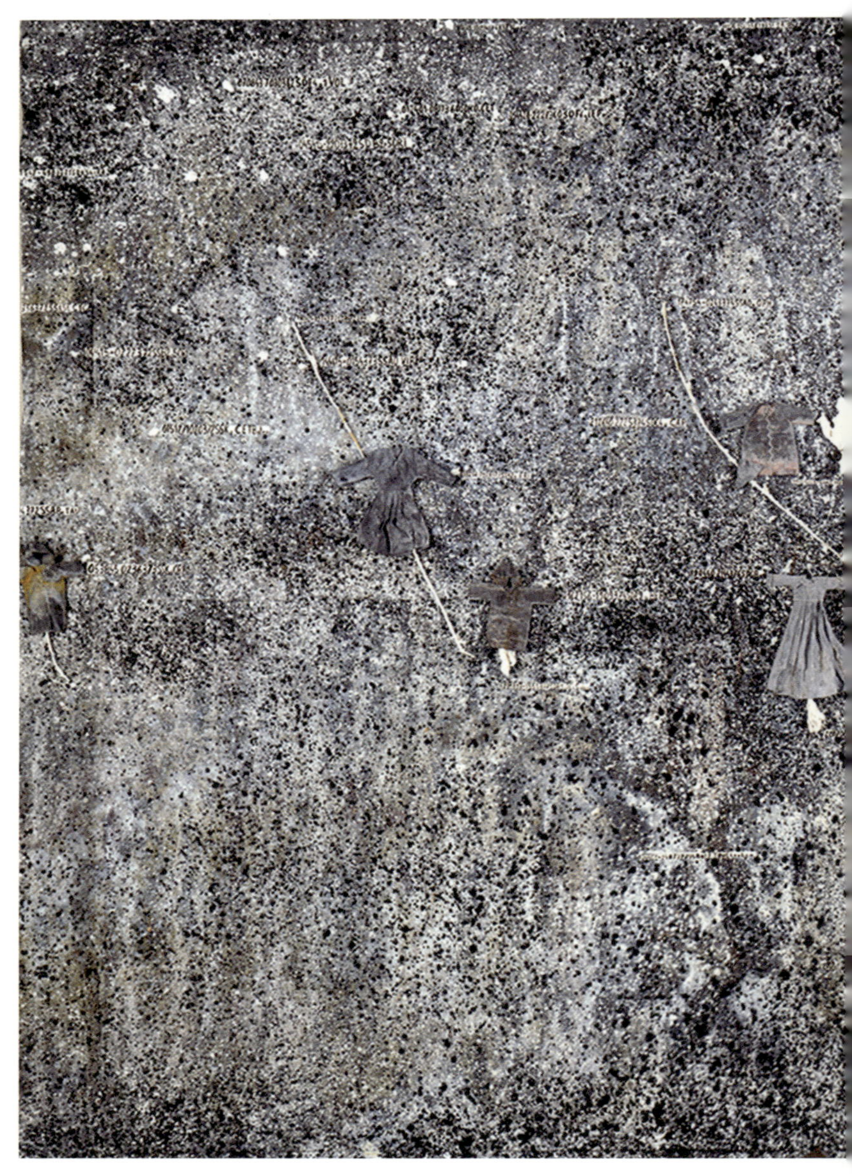

Die Ungeborenen
2001
Öl, Acryl und Gips auf Blei auf Leinwand
198 × 311 cm

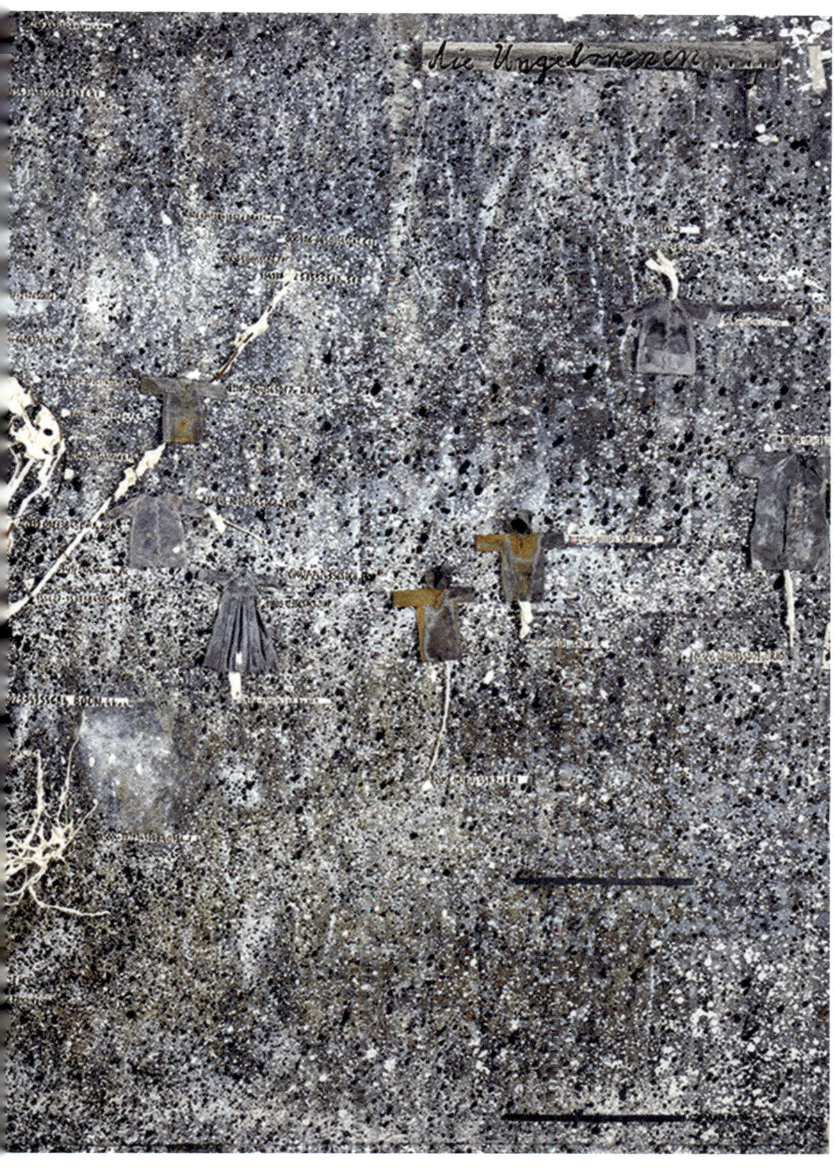
die Ungeborenen

STATION 8

A wie Antäus / D wie Daphne / »Ich werde einen Altdorfer malen« / »Superstrings«

Zu einem Motiv in Anselm Kiefers Bildern

In einem der Bände des *Kapitals* von Karl Marx finde ich im Index das Wort »Antäus«. Antäus ist ein Sohn des Meeresgottes Poseidon. Der hat diesen Dämon, diesen Gottessohn, diesen »bodenständigen Geist« mit Gaia gezeugt, der Mutter Erde.

Liest man den Text, auf den sich der Index bei Marx bezieht, so geht es um die Verteidigung des eigenen Landes, die Kraft des »Eigentümers der Ware Arbeitskraft«, den eigenen Boden zu bewirtschaften und lebenslänglich zu hüten. Antäus ist unüberwindbar, solange er die Verbindung zu diesem Eigentum – seiner eigenen Krume Erde – nicht verliert. Antäus ist der »Gott der Bodenhaftung«.

Der einzige Held, dem es gelang, Antäus zu überwinden, bewegte ihn durch List, Sprünge zu machen. Sobald Antäus' Füße und Hände keine Verbindung mehr zum Boden hatten, war er verloren.

Noch in der späteren antiken Sage vom Goldenen Vlies gibt es Verteidiger aus dem Geiste des Antäus. Das Goldene Vlies ist das Fell eines Widders. Auf der Innenseite dieser Haut ist eine Landkarte zu sehen. Auf ihr sind die Fundplätze aller verborgenen Schätze eingezeichnet, die es auf dem antiken Erdkreis rund um das Mittelmeer und das Schwarze Meer gibt. Auf diese Karte waren die griechischen Räuber scharf, die unter Führung des Helden Jason in das Land der Medea eindrangen. Die Küste dieses Landes wurde bewacht von bis zur Brust in die Erde eingegrabenen Kämpfern. Sie sind unfähig zur Flucht. Allerdings sind sie auch ziemlich unbeweglich. So gelingt es Jason und seinen Gefährten, durch eine Lücke zwischen den Erdkämpfern nach Kolchis, in das Land der Medea, einzudringen.

Hegel nennt diese Verteidiger – und auch ihr Vorbild Antäus – »Riesen der Besonderheit«. Der Gegenpol dazu sei, urteilt der Philosoph, die Abstraktion: der Ehrgeiz von Eroberern, die Hochkunst des absoluten Überblicks. Der Gegenpol des Beutemachens ist die Verteidigung des eigenen Ackers. Das ist die Arbeit der in die Erde eingegrabenen Wächter an der Küste von Kolchis.

Beutemachen = Abstrahieren.

Die Dramatik unserer Zeit bewegt sich zwischen Artistik in der Höhe und Bodenhaftung

Dass Antäus im Index bei Marx mir sofort ins Auge fiel, liegt nicht nur an dem Buchstaben A. An diesem Sohn des Poseidon und der Erde kann man die zwei Zangen, welche die Zivilisation ausmachen, gut erkennen: einerseits hochfliegende Artistik, wie sie für den Fortschritt und zum Beispiel die Algorithmenwelt von Silicon Valley charakteristisch ist, sozusagen die Kunst auf dem Hochseil in der Zirkuskuppel. Auf der anderen Seite – oder besser noch im Unterbau – die menschliche Gegenwehr gegen den Höhenflug der Börsen, der Investoren, der Pensionskassen und der Bombengeschwader. Wenn eine Schraube im System fehlt, stürzt das in der Höhe fliegende Gebilde zu Boden. Das ist dann schon der Buchstabe I wie Ikarus. Die Dramatik unserer Zeit bewegt sich zwischen Artistik in der Höhe und Bodenhaftung. Die Kunst arbeitet mit beidem. Anselm Kiefer ist ein poeta doctus, ein gelehrter Dichter. Was der antike Mythos von Antäus berichtet und was Marx an diesem antiken Gott oder Dämon so interessant und spitzfindig findet, das steckt verschlüsselt in Kiefers Bildern. Kiefer argumentiert nicht mit Worten. Kiefer sagt von sich: »Ich denke, indem ich male.«

Die Lust des Malers am Widerstandsgeist der Daphne

Der Gott Apoll war ein Siebenmonatskind. Dieser Gott der Mathematik und der Künste war ein Ungeheuer in einem besonders schönen Körper. Er war von Geburt an überschnell. Als der vierte Tag seines Lebens dämmerte – noch war der Zeitpunkt nicht erreicht, zu dem er eigentlich ordentlich hätte geboren werden sollen –, hatte er schon Pfeil und Bogen in der Hand und brachte die schöne Schlange Python um. Er tat das dicht neben dem heiligen Spalt in der Stadt Delphi. Aus dem Spalt drangen die göttlichen Dämpfe aus der Erde empor, die später die Orakel begleiteten. Die erste Tat des Schönen war schon ein Frevel.

Später verfolgte dieser göttliche Schöne – elegant-monströs und sportlich – die Nymphe Daphne. Die wollte von dem schlanken Mann nichts wissen. Und als seine Hände sie packten, wurde sie zu Holz.

Es gehört aber zum Prinzip der *Metamorphosen,* dass die Erzählung nicht im Unglück wie in einem Sumpf stecken bleibt. Die Götter sind willkürlich und die Menschen ihnen zunächst ohnmächtig ausgeliefert. Das gilt in den antiken Mythen und wird im 18. Jahrhundert in den großen Barockopern immer wieder nacherzählt. Und es ist heute noch ein gutes Bild für die bittere Situation der Menschen, die in den Luftschutzkellern Syriens auf angreifende Bombengeschwader warten müssen. Der Dichter Ovid aber verhält sich als Anwalt der Opfer. Er erzählt, dass sie sich im letzten Moment verwandeln können. So wird die Nymphe Daphne, zu Holz geworden unter den Händen des Vergewaltigers, im wörtlichen Sinn »verhackstückt«, verwandelt in einen Lorbeerbaum. Bald wachsen solch schöne Bäume, deren Blätter nicht welken, überall an den Küsten des Mittelmeers. Zuletzt kränzen Lorbeerzweige, »Zeitzeugen göttlicher Gewalt«, noch die Glatze des Tyrannen Caesar, kurz bevor der stirbt. Durchs Erzählen entsteht bei Ovid aus schierem Unheil neue Lebendigkeit. Ich glaube, das ist der Grund, warum Anselm Kiefer Daphne gemalt hat.

Drei Fragmente aus der frühesten Oper der Welt DAFNE von Iacopo Peri, 1596

DAFNE von Heinrich Schütz. Erste deutsche Oper. Libretto von Martin Opitz. Verbrannt im Feuersturm von Magdeburg 1631.

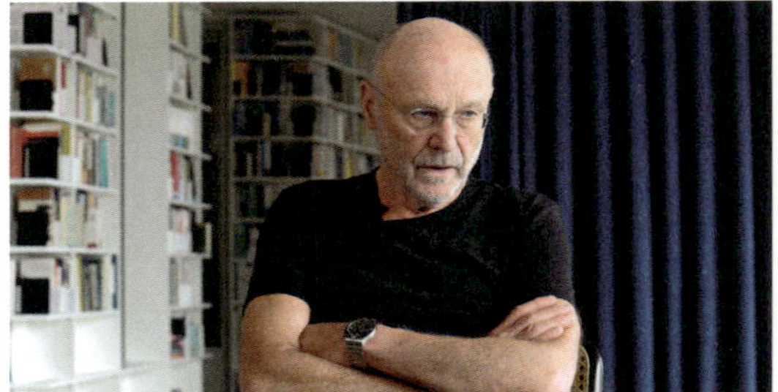

»Ich werde einen Altdorfer malen« / Zum Thema Alexander der Große / »Kugelgestalt der Wirklichkeit …« / Gespräch von Anselm Kiefer und Alexander Kluge vom 5. Juli 2023 / 6:14 Min

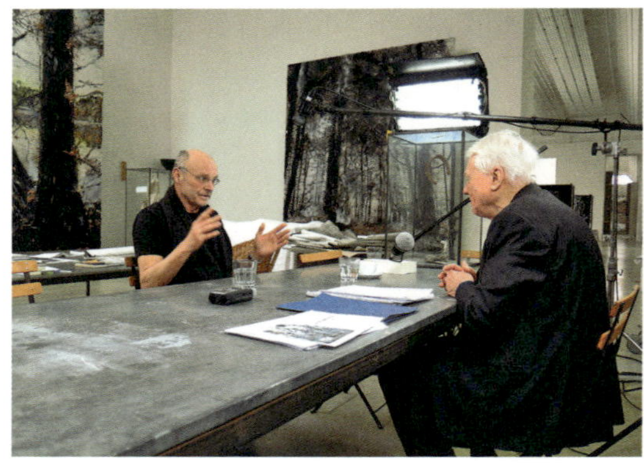

Im Gespräch in Kiefers Atelier über die Göttinger Mathematik und die Kunst.

Von Hans Ulrich Obrist kuratiert, zeigte Anselm Kiefer in der White Cube Gallery Werke, die sich mit moderner Physik befassten, dem Phänomen der »Verschränkung«, den String-Theorien, die auf der Suche nach neuen Dimensionen im Kosmos sind und nach der komplexen Mathematik, die solche von unserem Alltag entfernte Realitäten wiederzugeben vermag. Kiefer knüpft hier an sein Interesse an der poetischen Mathematik von Velimir Chlebnikov ebenso an wie an seine Gespräche mit dem Wiener Nobelpreisträger Anton Zeilinger. In einer Zoom-Konferenz und mit filmischen Beiträgen habe ich aus Anlass dieser Ausstellung Anselm Kiefer zugearbeitet. Bildende Kunst, Mathematik, die imaginären Zahlen und Film scheinen unvereinbare Welten. Bei der Ausstellung haben wir dann wirksam zusammengearbeitet.

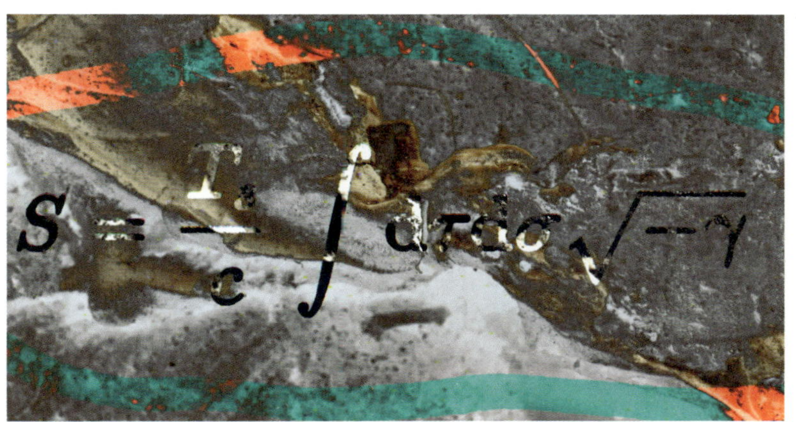

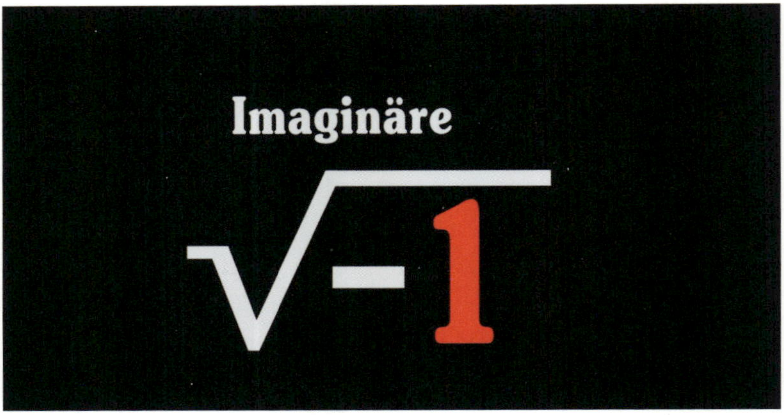

Imaginäre

$$\sqrt{-1}$$

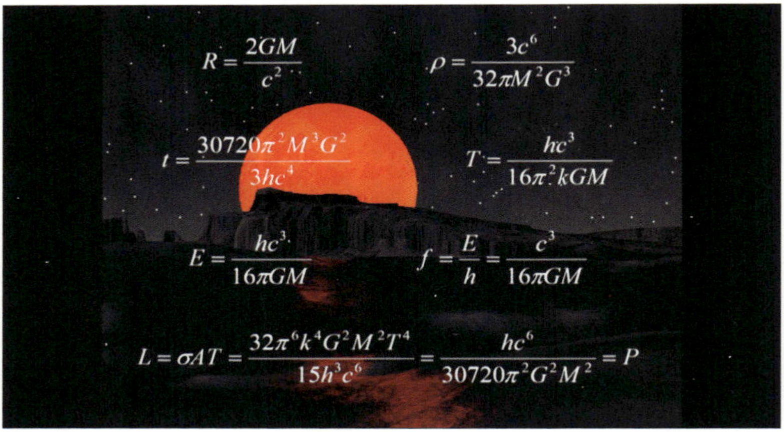

$$R = \frac{2GM}{c^2} \qquad \rho = \frac{3c^6}{32\pi M^2 G^3}$$

$$t = \frac{30720\pi^2 M^3 G^2}{3hc^4} \qquad T = \frac{hc^3}{16\pi^2 kGM}$$

$$E = \frac{hc^3}{16\pi GM} \qquad f = \frac{E}{h} = \frac{c^3}{16\pi GM}$$

$$L = \sigma AT = \frac{32\pi^6 k^4 G^2 M^2 T^4}{15h^3 c^6} = \frac{hc^6}{30720\pi^2 G^2 M^2} = P$$

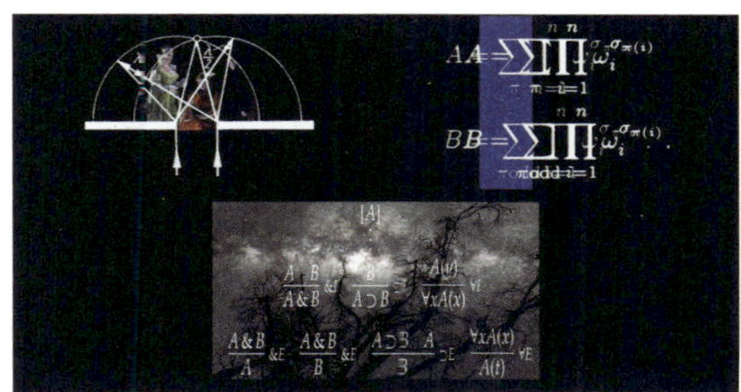

Mathematische Minutenoper / »Mathematik steckt in allen Dingen« / 1:55 Min

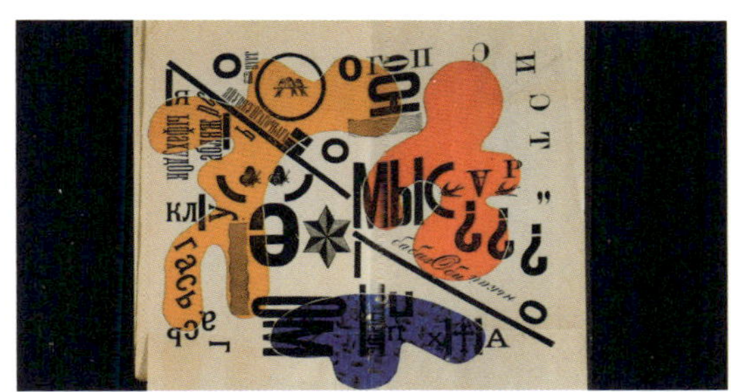

Die 5. Sprache: »Mathematik ist eine Aktivität des Geistes ohne Sprache« / 5:44 Min

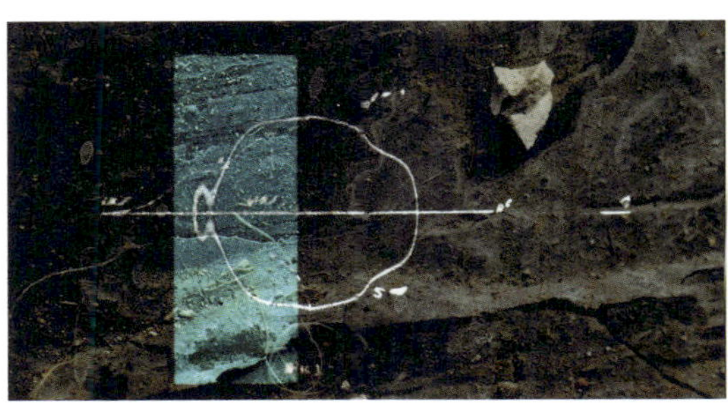

Für Anselm Kiefer / »Im Gestein der Zeichen« / 3:39 Min

Die imaginären Zahlen kann man nicht »zählen«. Den Operationen mit komplexen Zahlen entsprechen keine gegenständlichen Größen in der Außenwelt. Sie sind aber »vorstellbar«. Sich vorstellen heißt auf Französisch *imaginer*. Daher nannte Descartes Operationen mit komplexen Zahlen imaginär = i.

Für Velimir Chlebnikow ist die mathematische Zeichenwelt autonom. Sie ist unabhängig von der außermathematischen und außerpoetischen Umwelt. Es geht ihm um die Musik der Dinge. $\sqrt{-1}$ ist für ihn »Gipfel allen Wissens«. Diese Wurzel bedeutet Freiheit. Freiheit für die rebellischen Worte. Er und Daniil Charms vergleichen die imaginären Zahlen mit Bäumen und ihren Wurzeln: den Rhizomen. Mehrstimmigkeit kann am besten durch imaginäre Zahlen ausgedrückt werden. i bezeichnet keine einzelne Linie auf der Fläche und im Raum, sondern immer etwas geometrisch Mehrfaches. i = »zweigesichtige Wurzel«. Heinrich von Kleist weist darauf hin, dass Meerjungfrauen »als Ergebnis eines Wurzel-Zählverfahrens« in Erscheinung träten. Ein Dolmetscher oder Experte im Weißen Haus müsste heute, um russische Phänomene zu verstehen, nicht nur die russische Sprache kennen, sondern nicht-euklidische Geometrie erlernen.

→ Anke Niederbudde: *Sternensprache. Mathematische Konzeptionen in der russischen Moderne: Florenskij-Chlebnikov-Charms.* München 2006.

»Sternensprache« ist ein Ausdruck von Chlebnikow.

»DIE FLÜSSE MÜNDETEN INS MEER SO – DASZ ES SCHIEN SIE WÜRGTEN JEMAND MIT DER HAND IHRES DELTAS«

»DIE HIRSCHE VERFLOCHTEN IHRE GEWEIHE SO – DASZ ES SCHIEN SIE SEIEN VERBUNDEN IN EINER ALTEN EHE VOLL LEIDENSCHAFTEN UND UNTREUE.«

→ Velimir Chlebnikow: *Werke 1. Poesie*, Hamburg 1972, S. 239. Übersetzt von Friederike Mayröcker. Die Orthographie von »dasz« entspricht der Schreibweise von Friederike Mayröcker.

»GEMEINSAM
TRÄUMTEN WIR
AUF DER INSEL ÖSEL
WÄHREND ICH AUF KAMČATKA WAR
ZUPFTEST DU HANDSCHUHE
VON DER SPITZE DES ALTAI
RIEF ICH DIR ZU
IM VORGEBIRGE DES AMUR
DIE FLÜGEL AMORS.«

→ Velimir Chlebnikow: *Werke 1. Poesie*, Hamburg 1972, S. 40. Übersetzt von Friederike Mayröcker.

EIN DICHTER BESUCHTE MICH IM TRAUM

Rom im Jahre 753 vor Christus. 443 556 Tage sind im Orbis des Mittelmeers wie viele Pulsschläge? Wenn man nämlich die Menschen, die im Römischen Reich lebten, zusammenzählt und mit der Zahl ihrer Lebensjahre multipliziert und diese Lebensjahre mit den Pulsschlägen pro Tag? Eines Nachts teilte mir Velimir Chlebnikow vertraulich mit, dass die Atemzüge Russlands als drittes Rom zur Seelenzahl des antiken Rom hinzugezählt werden müssten, um das Gleichgewicht zwischen den Zahlen der Toten und der Lebenden zu berechnen.

Es müsste im Totengericht mindestens eine Stimme Mehrheit der Toten gegenüber der Gesamtzahl der Lebenden bestehen, damit die Welt nicht aus den Fugen geriete. In dieser Frage stimmt Chlebnikow mit der Meinung des Dramatikers Heiner Müller überein. Was heißt FUGE DER WELT in Bezug auf die Welt? Ist die Welt ein Sarg? Würden die Lebenden diesen Sarg sprengen, hätten sie die Mehrheit? Wissen die Lebenden, dass sie das tun würden? Darauf gab Chlebnikow keine Antwort. Er nickte, sagte aber dann, dass er es nicht wisse. Es verhalte sich damit wie mit den GROSSEN REVOLUTIONEN.

Was heißt $\sqrt{-1}$? Den Ausdruck $\sqrt{-1}$ habe ich bei dem Dichter Velimir Chlebnikow im poetischen Kontext und dann erneut bei dem Mathematiker und Theologen Florenskij gefunden. Ich liebe Ausdrücke, die ich noch nicht kenne.

Ich rufe den Mathematiker Dr. Schauenburg an, den Mann meiner langjährigen Gesprächspartnerin Ulrike Sprenger. Was bedeutet $\sqrt{-1}$? Ich habe, fahre ich fort, bei einem russischen Dichter gelesen, dass Russland, metaphorisch gesprochen, nur durch komplexe Zahlen zu verstehen ist. $\sqrt{-1} = i$ = imaginär sei die Küche der komplexen Zahlen.

Mir sei mitgeteilt worden, dass Russland als Ganzes und auch noch die Risse und die Löcher in diesem Ganzen sei. Und zwar sei dies keine Deutung, sondern die Realität selbst. Diese sei komplex. Dr. Schauenburg entgegnete mir, er zögere, als Mathematiker eine metaphorische und poetische Fragestellung an die $\sqrt{-1}$ so direkt zu beantworten. Die Kollegen der Zunft seien streng. Er wolle aber indirekt antworten. Der Bezug auf ein Land sei ungewohnt und nicht üblich. Die $\sqrt{-1}$ beziehe sich auf Zahlen, Daten oder geeichte Realitäten. Russland sei in diesem Sinne keine geeichte Realität. Der Unterschied der imaginären Zahlen zu den positiven Zahlen und ihrem Wurzelwerk bestehe darin, dass die imaginären Zahlen nicht auf einem Zahlenstrahl oder auf einer Linie zu finden seien wie die positiven Zahlen 1 bis ∞. Vielmehr erstreckten sich komplexe Zahlen auf eine weite Ebene. Komplexe Zahlen kennen keine Straßen.

Das sei Napoleons Problem in Russland gewesen, warf ich ein. Der lineare Marsch von Wilna auf Moskau zu war gedacht als Absolvierung einer Reihe fester Punkte. Je näher er, Napoleon, der Hauptstadt käme, desto mehr werde Russland erobert. Er stellte sich das als Straße oder Pappelallee vor. Es zeigte sich aber, dass Russland nicht aus dieser punktierten Linie bestand. Weder Russland noch Moskau verhielten sich als Punkt, sondern als eine gewaltige Ebene unzählbarer Punkte, jeder mit eigenem Leben und mit eigener Widerstandskraft.

Ich merkte durch das Telefon, dass Dr. Schauenburg litt. Mein Einwurf war von sachgerechter Mathematik recht weit entfernt. Das Besondere an der Poetik der komplexen Zahlen, nahm Dr. Schauenburg den Faden wieder auf, besteht darin, dass über der Ebene, in der jede imaginäre Zahl mehrere Punkte bezeichnen kann, sich wie ein Himmel eine Fläche entfaltet – die Riemannsche Fläche –, auf der jeder der vielen Punkte der Ebene sich gedoppelt widerspiegelt.

Dr. Schauenburg, menschenfreundlich, hatte längst bemerkt, dass ich von Mathematik nicht genügend verstand. Auf der anderen Seite respektierte er »das Poetische«, das er in meiner Ausdrucksweise vermutete. Er ließ gelten, dass die imaginären Zahlen und die von ihnen umfasste Geometrie auf Eigenschaften des Großen Russlands hinwiesen, die im Westen unverstanden seien.

Für Fragen nach der konkreten Gegenständlichkeit im Reiche der $\sqrt{-1}$, sagte Dr. Schauenburg, muss ich sowohl den *Ort* als sodann auch den *Weg*, der zu diesem Punkt zurückgelegt wurde, bestimmen. Immer metaphorisch gesprochen. Das gilt für die ganze Fülle der Punkte auf der Ebene, also bezogen auf Russland, auf eine nicht aufzählbare Masse von Realitäten. Ich gebe also jeder Realität eine Zahl und stehe vor Billionen Unterschieden. Jetzt kommt aber die Riemannsche Fläche hinzu. Sie liefert mehr mögliche Punkte als die Ebene. Jeder dieser Punkte befindet sich in Bewegung – bei Ihrer poetischen Verwendung der Begriffe – und wird *real* durch seine Besonderheit. Die Besonderheit ist DER WEG. Dr. Schauenburg erkundigte sich, weil ich lange schwieg, ob ich mit seiner Antwort etwas anfangen könne. Er erkundigte sich höflich nach meiner Kenntnis der Geometrie.

Gehe ich von –1 oder 1 um 360 Grad um die Null herum, fuhr Dr. Schauenburg angesichts meines Zögerns mit seiner Erklärung fort, kann es sein, dass ich nicht zum Ausgangspunkt zurückgelange, zu jenem festen Punkt, von dem ich ausging, sondern mich an einem ganz anderen Ort befinde, so wie ich, wenn ich auf einer Wendeltreppe die Treppen einmal im Kreis hinaufsteige, in einem *anderen Stockwerk* ankomme. Wieder schwieg ich, um mehr davon zu hören. Mir schien das, was der Mathematiker berichtete, dem Begriff des BESONDEREN bei Hegel nahezukommen: MEHRSTIMMIGE REALITÄT.

So dass, spann ich den Gedanken weiter, von manchen Planungen des Pentagon her gesehen, man Russland mit Präzisionswaffen nicht treffen könnte. Man trifft immer nur auf eine Realität, und diese ist nicht das Ganze. Ist es so zu verstehen?

Ich dürfe nicht vergessen, antwortete Dr. Schauenburg, dass ein Mathematiker mir so etwas nicht bestätigen könne. Die Welt der komplexen Zahlen sei nicht von *genauen* Punkten erfüllt, wie sie der Artillerist oder der Raketenspezialist beschießen will. Als Mathematiker könne er mir ja nicht bestätigen, dass Russland eine $\sqrt{-1}$ sei.

Ich geriet in Eifer: So scheinen es Napoleon und auch Hitler erlebt zu haben! Während sie in einer der Punktmassen der EBENE und unter der darüberliegenden spirituellen HIMMELSFLÄCHE zu siegen versuchen, verlieren sie ihren WEG. Und schon sehen sie sich auf dem Rückzug. Ich merkte, dass sich die Positionen des Mathematikers und die meine an dieser Stelle des Telefonats voneinander immer weiter entfernten.

Die Punkte auf der Fläche, nach Ihren Vorstellungen, Herr Kluge, und das, was Sie auf der Riemannschen Fläche Himmelspunkte nennen, üben, ein jeder Punkt auf jeden, Wechselwirkung aus. Und alle Punkte, die himmlischen und die irdischen, sind durch die zahllosen Wege (ihre Vergangenheiten) bestimmt. Wo ich bin, hängt davon ab, woher ich komme. Das ist für den Verkehr mathematischer Rechnungen untereinander plausibel.

Dr. Schauenburg wollte mir eine Brücke bauen und ging davon aus, dass ich verstand, dass meine von Chlebnikow und Florenskij geliehene poetische Version sich dazu different verhielt. Tatsächlich hatte ich die ganze Zeit Chlebnikow und Florenskij im Kopf. Es kam die Beschreibung Puschkins hinzu über die verschlammten russischen Wege während der halbjährlich wiederkehrenden Rasputiza. Was werden Rußlands Wege in 200 Jahren sein, fragt Puschkin. Sie haben ihre eigene Zeit.

Das alles enthielt die Frage nach der Wirklichkeit. Daraus ergab sich, schien mir an diesem Abend, ein berückender Zugang: Jede Wirklichkeit auf Erden wird erst noch hergestellt werden aus der Fülle der Möglichkeiten. Das ist in disruptiver Umwelt ein Trost.

Notizen von Georges Didi-Huberman zum Stichwort »Spiegelung«

»Die Seele des Moses warf die göttliche Botschaft WIE EIN KLARER SPIEGEL zurück.« »Wenn das Böse sich im Spiegel sieht, erkennt es seine Hässlichkeit und erstarrt.« »In Japan zählt der Spiegel, zusammen mit Schwert und Thron, zu den drei KAISERLICHEN KOSTBARKEITEN.« »Achtkantiger Spiegel = Symbol der Sonnenkönigin Amaterasu. Ein Spiegel entspricht der Zahl Acht (Velimir Chlebnikov).« »In *Abenteuer der Sylvester-Nacht* verkauft Erasmus Spikher seiner geliebten Giulietta sein Spiegelbild und verliert dadurch seine Seele. Diesen Stoff wollte Andrej Tarkowski, unmittelbar vor seinem Tod, verfilmen.« »Gallierinnen wurden 80 v.Chr. mit ihrem Spiegel begraben. Im antiken Ägypten sind die Worte SPIEGEL und LEBEN identisch.« »Die Titanen, wüste Brüder, nahmen die Seele des Dionysos in einem Spiegel gefangen. Auch wenn sie mit dem dort fixierten Gott nichts Praktisches anfangen konnten. Quelle bei Ovid suchen!«

STATION 9

Hortus philosophorum / Dr. Robert Fludd, Oxford

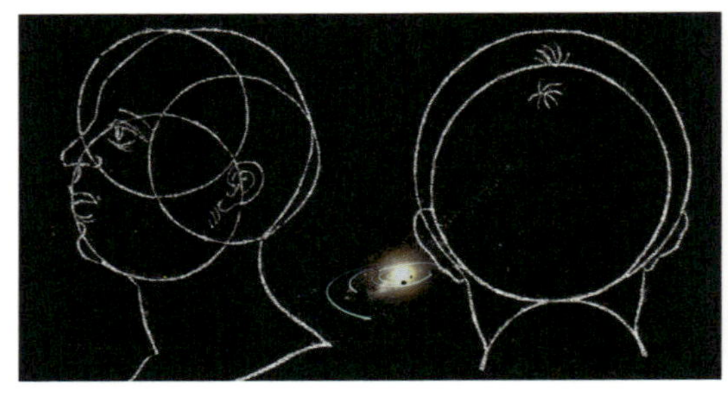

Hortus philosophorum & musica mundana / 3:11 Min

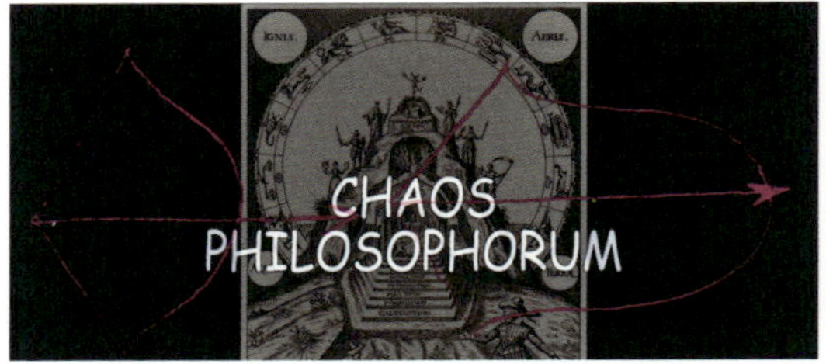

Microcosmi Historia / 10:31 Min

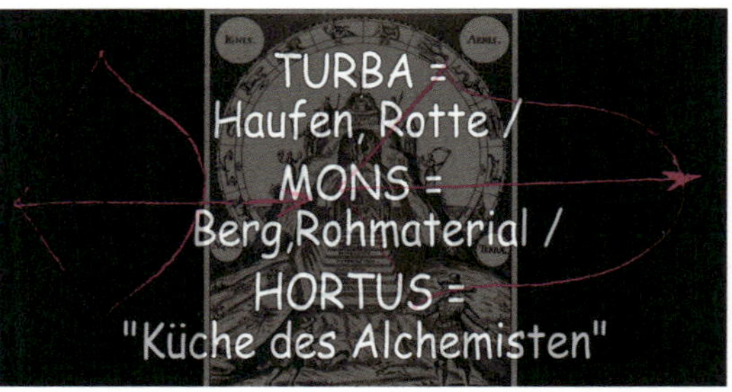

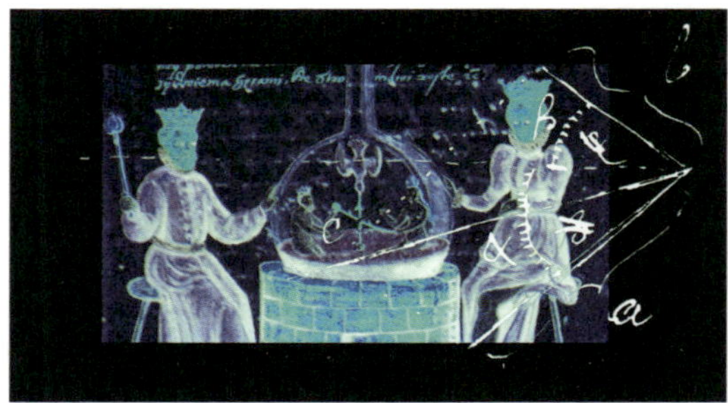

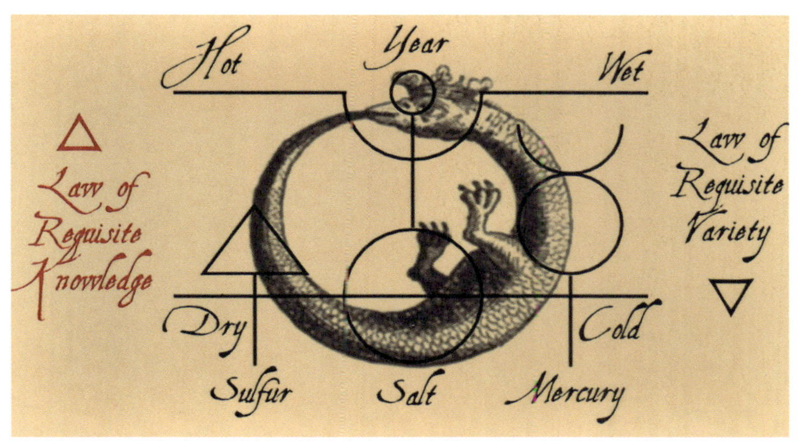
Hot
Year
Wet
Law of
Requisite
Knowledge
Law of
Requisite
Variety
Dry
Cold
Sulfur
Salt
Mercury

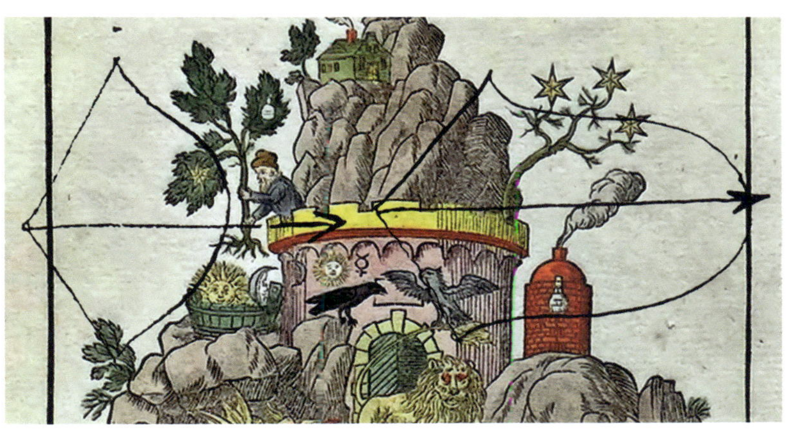

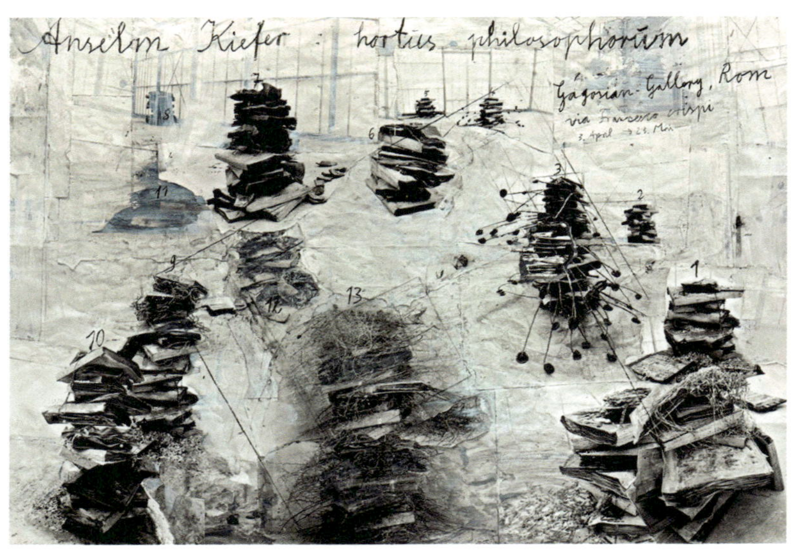
Anselm Kiefer : hortus philosophorum
Gagosian-Gallery, Rom

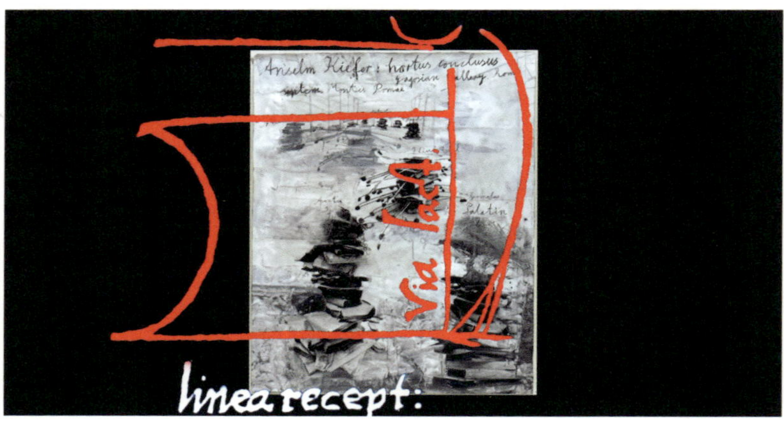
Anselm Kiefer: hortus conclusus
Via lact
linea recept:

»Wüste Natur mit Mutterkorn«

Mutterkorn maskiert sich im Getreide. Es ist kein pflanzliches Gebilde, sondern versteinerter Pilz. Unter natürlichen Bedingungen fällt das Mutterkorn im Herbst zu Boden und überwintert. Daraus entwickelt sich im Frühling ein Pilzgeflecht, dessen Sporen einen zuckerhaltigen Saft ausscheiden: ähnlich dem Honigtau. Ameisen sind süchtig nach diesem Tau.

Gibt es eine Koevolution zwischen Menschen und dem Mutterkorn? Warum sucht dieser Pilz seinen Sitz so beharrlich im Getreide, das die Menschen anbauen? Das Mutterkorn enthält 80 Alkaloide, die unterschiedlich wirken. Claviceps purpurea löst Wehen aus. Der Pilz stillt aber auch Blutungen nach der Geburt. Schon 2000 v. Chr. wurden aus dem einzigen Alkaloid im Mutterkorn (unter 80), das wasserlöslich ist, berauschende Getränke gebraut, in der Wirkung ähnlich dem LSD. In solchem Rausch kamen die frühen Gemeinschaften zustande, die Eintracht, die der Arbeit am Gebrauchswert vorausgeht. Deshalb heißt das Gebräu »The Road to Eleusis«. 1926 starben in der Sowjetunion 11 000 Menschen durch mutterkornhaltiges Brot. Kein Haustier. »Unzähmbar«.

Die Evolution des Kosmos, die der Sterne, der Tiere und die der Menschen, ist ein gewaltiges Buch

Es fügt das physikalisch Getrennte zu einem Text, einem Subtext und einem Hypertext, zusammen. Das ist die Botschaft aller Wissenschaft. Auch die der »Geheimwissenschaften«, der Esoterik, die eine permanente Herausforderung an die wissenschaftlichen Spezialdisziplinen bleibt. Dass alle Materie ursprünglich aus Buchstaben und Zahlen besteht, aus einem Alphabet, einer universalen Schrift, die wir nicht lesen können, darin sind wir beide, Anselm Kiefer und ich, uns einig.

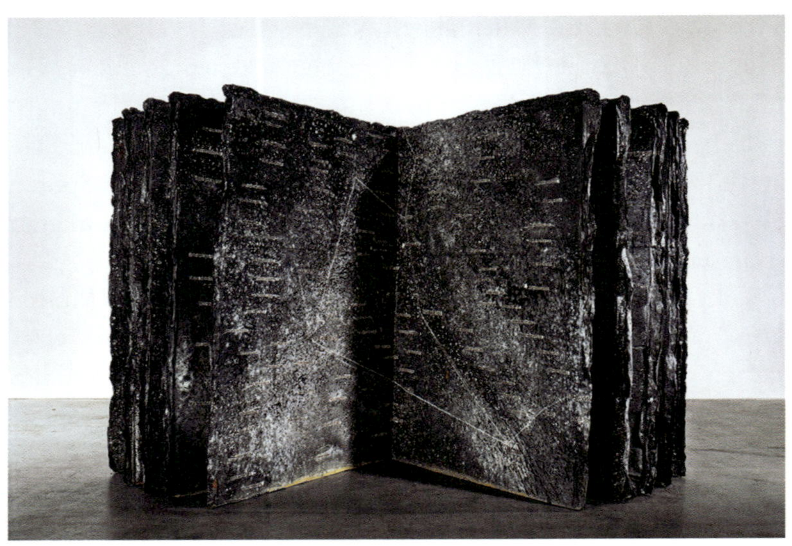

The Secret Life of Plants
2001
Öl auf Blei
158 × 255 cm

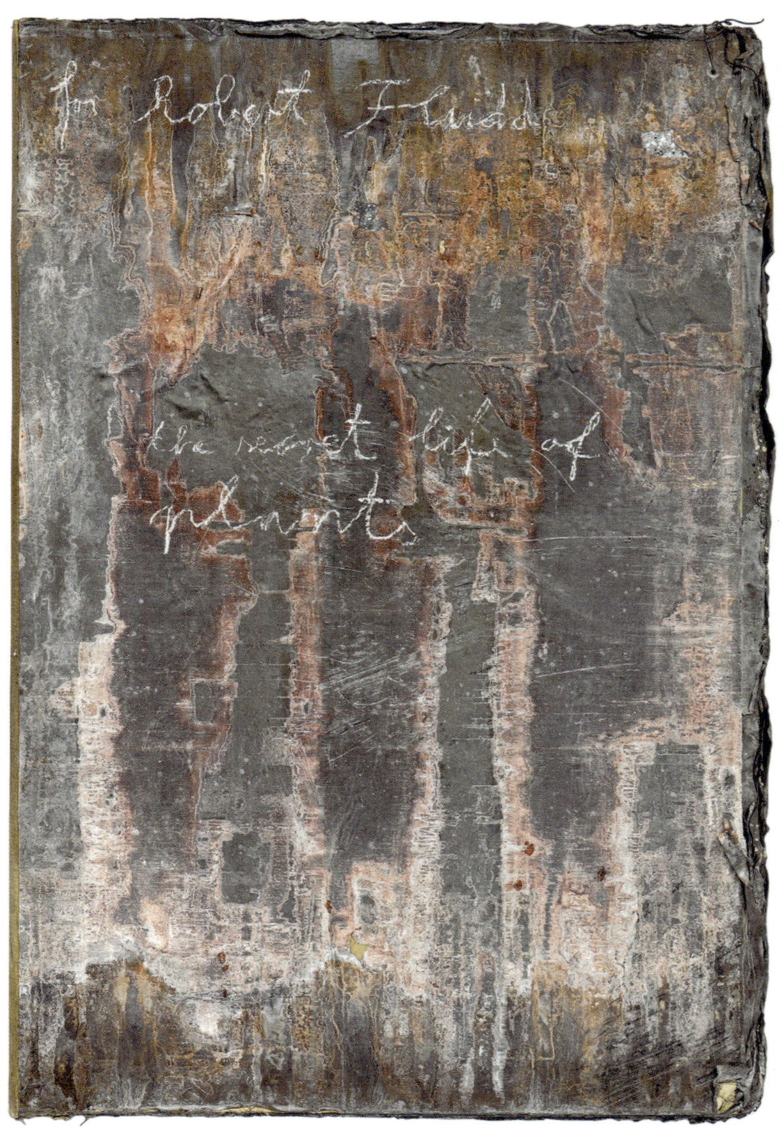

For Robert Fludd: The Secret Life of Plants
1998/99
Buch, Titelseite, Öl und Kreide auf Blei
102 × 70 × 9,5 cm

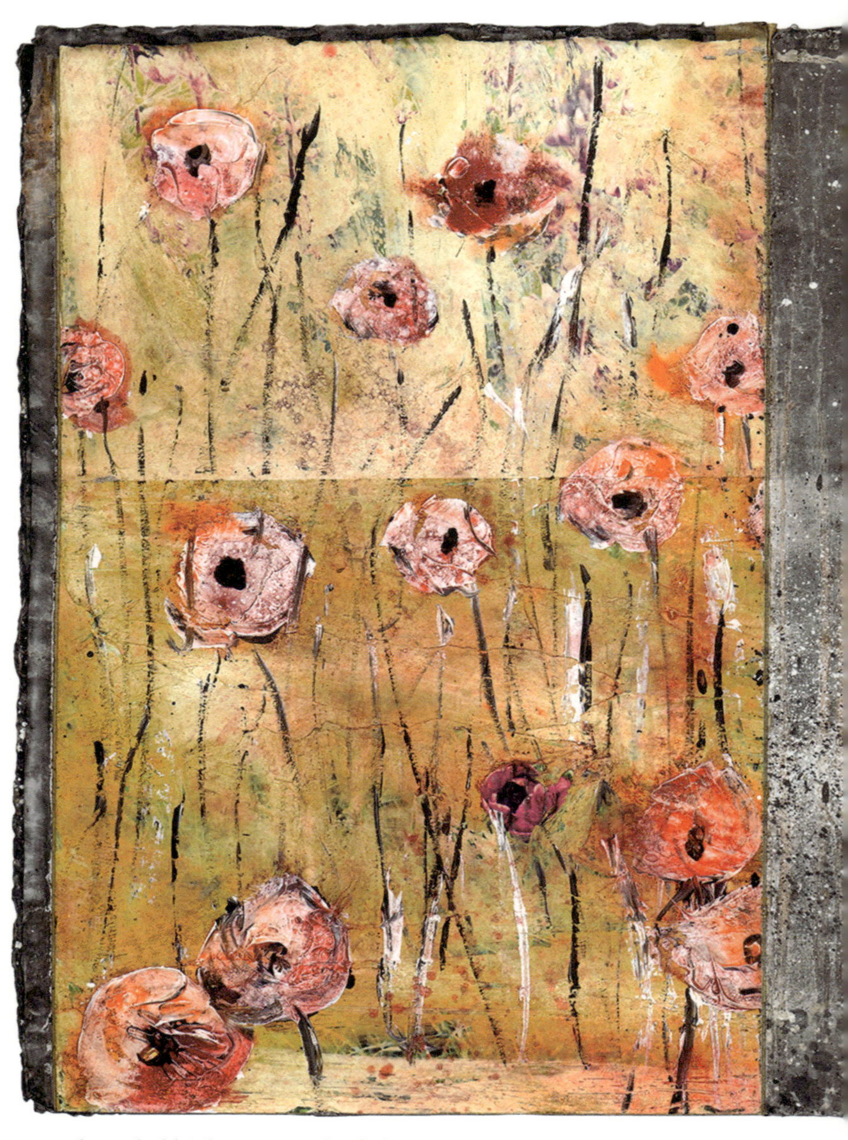

For Robert Fludd: The Secret Life of Plants
1998/99
Buch, Seite 18 und 19, Öl und Kreide auf Blei
102 × 70 × 9,5 cm

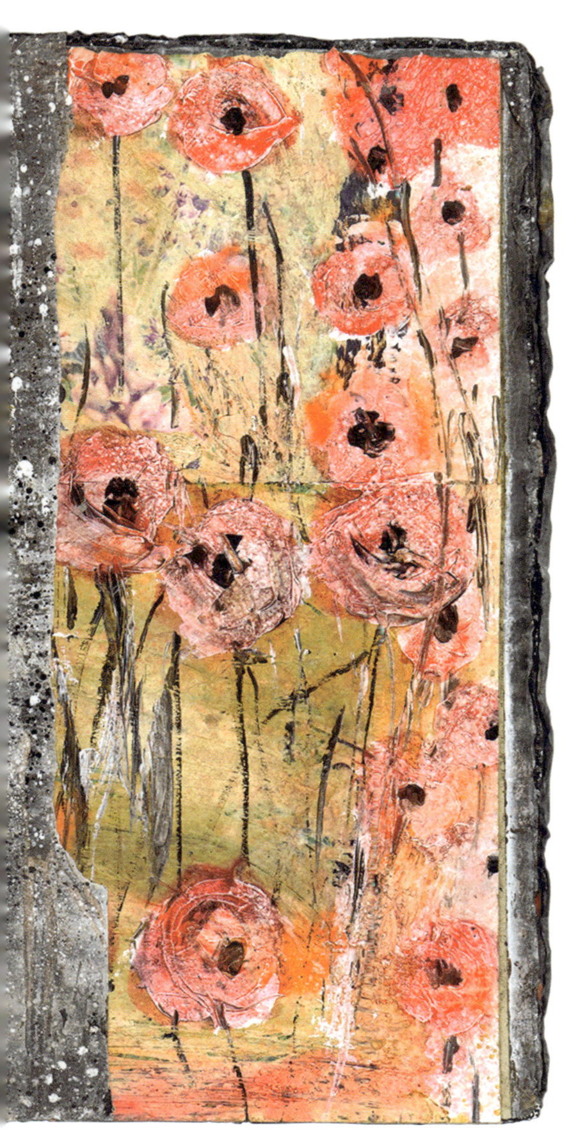

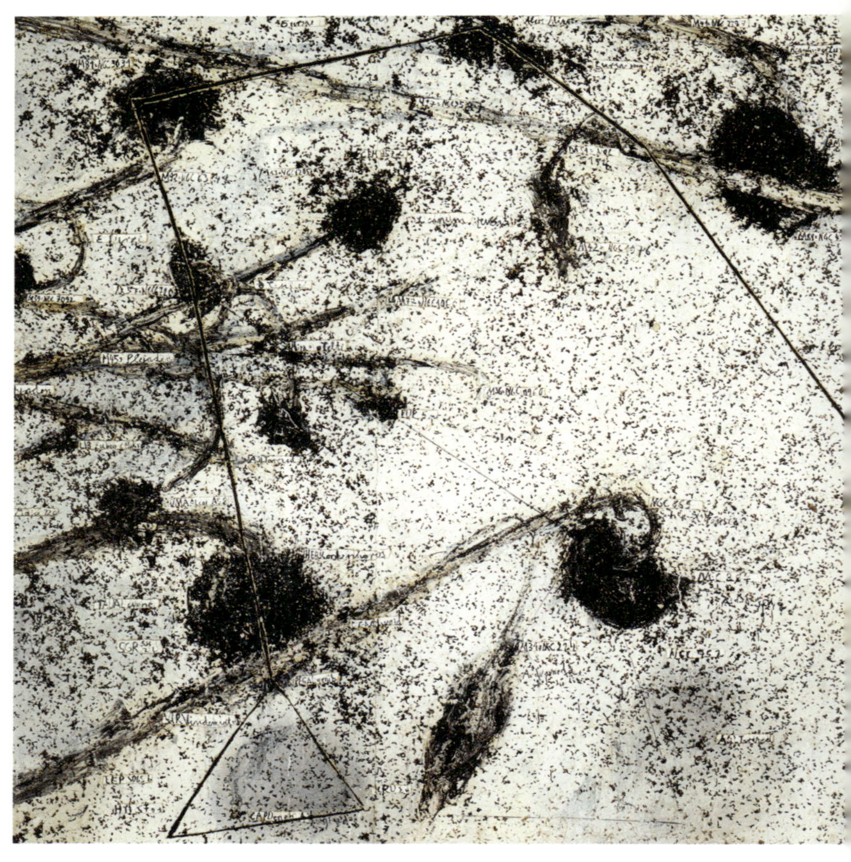

The Secret Life of Plants
1998
Emulsion, Acrylfarbe, Sonnenblumenkerne auf Leinwand
330×700 cm

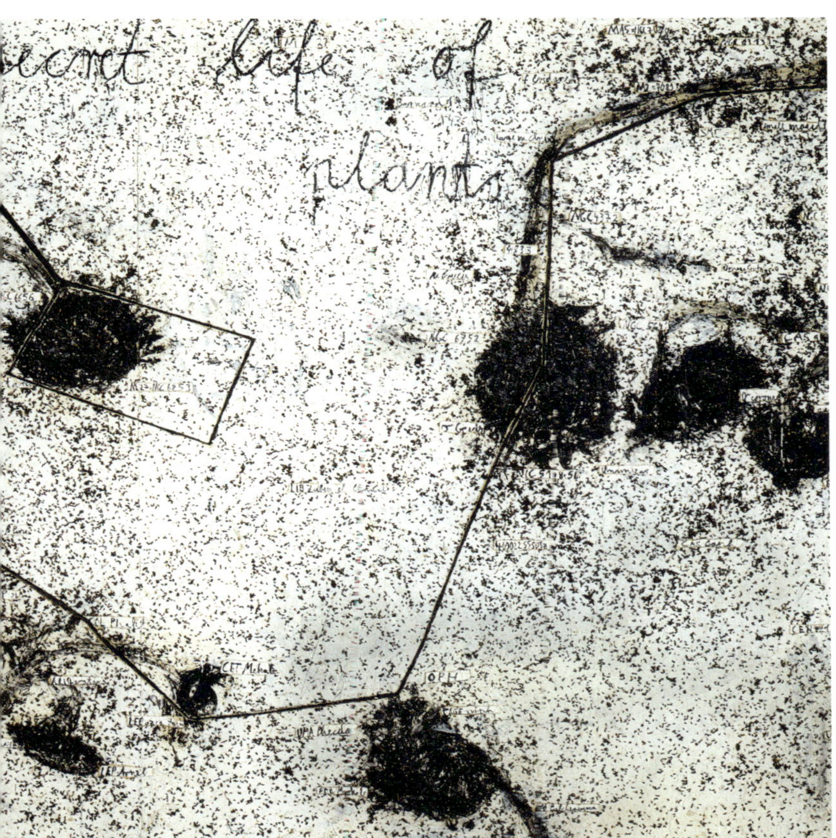
ecret life of
plants
OPH

»Das geheime Leben der Pflanzen«

In den Pflanzen überwintert eine lange Geschichte. Es ist die Geschichte des Sternenstaubs. Wir Menschen sind nicht bloß Tiere, sondern auch Pflanzen und auch Rhizome (Myzel wie bei den Pilzen). Im Kosmos ändert sich die Gestalt, nicht das Prinzip.

Dr. Robert Fludd war ein Seher. Mit Zahlen, Buchstaben, überlieferten Texten, wollte er in der Zeit, in der Johannes Kepler den Himmel erforschte, mit den Mitteln der Alchemie, der neuesten Physik, der Mathematik, den Lehren des Empedokles und des Plato ein GESAMTFERNROHR DER ERKENNTNIS herstellen. Die Intensität des Willens des Dr. Fludd wurde seither nie übertroffen. Anselm Kiefer widmete diesem Mann zahlreiche Bilder. »Jede Pflanze auf Erden hat ihren Stern am Himmel«. Dass alles Lebendige auf Erden aus Sternenstaub besteht, ist keine klinische Tatsache, wird aber durch jede Kenntnis der neueren Astrophysik bestätigt.

Das wüste Toben von Wald, Kosmos und Mathematik

Baum, Galaxien, Schwanengetier und Blitz – das sind die Elemente

Musica mundana (Fludd), Harmonices mundi (Kepler) sind die Deutungen davon. Die Sonden von NASA und ESO, die die Töne der Planeten, Galaxien, die der pulsierenden und explodierenden Sterne messen – wie der Lichtton im Film in Wellen und Frequenzen ausgedrückt –, sind die Spiegelung von blinder Einzelheit und vom ZUSAMMENHANG DER WELT, DIE LEBT. Das ist das Ganze, das keiner ohne Bild begreift.

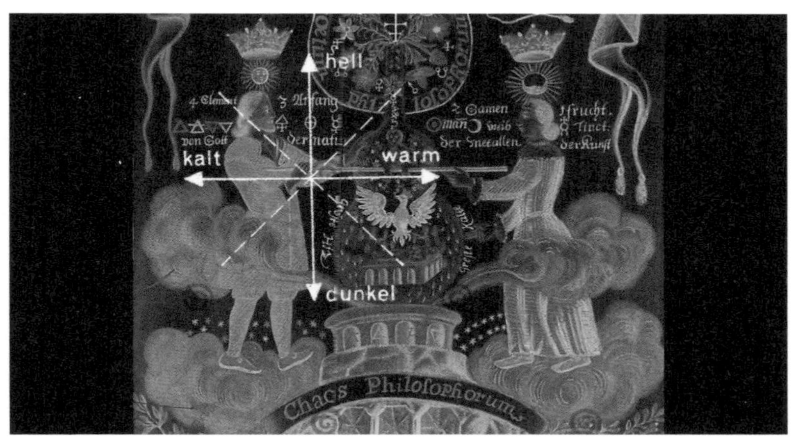
hell
kalt
warm
dunkel
Chaos Philosophorum

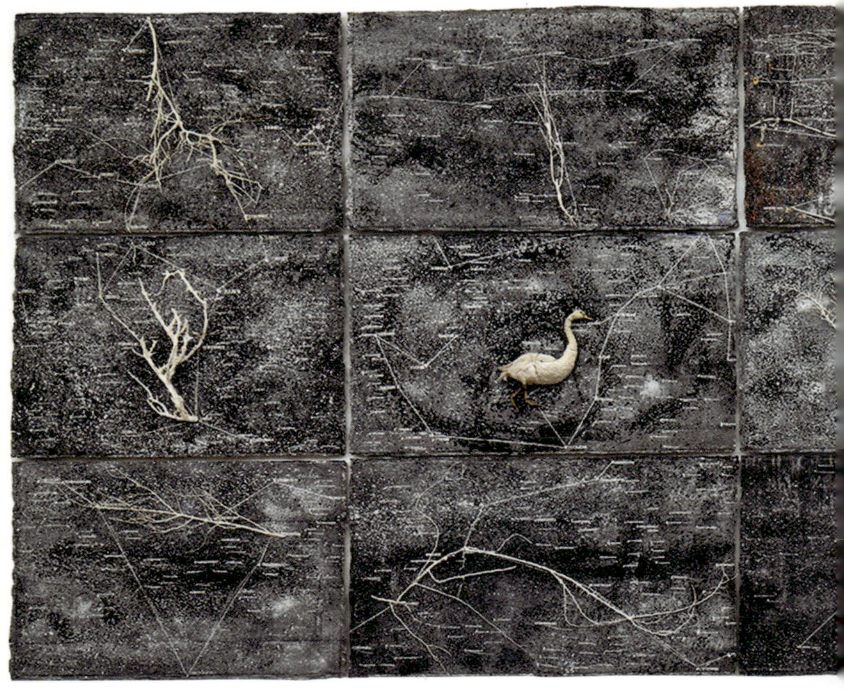

The Secret Life of Plants, for Robert Fludd
2001-2002
Mischtechnik und Blei auf Leinwand
14-teilig, jeweils 6 × 198 × 340 cm, 7 × 200 × 290 cm, 1 × 195 × 570 cm

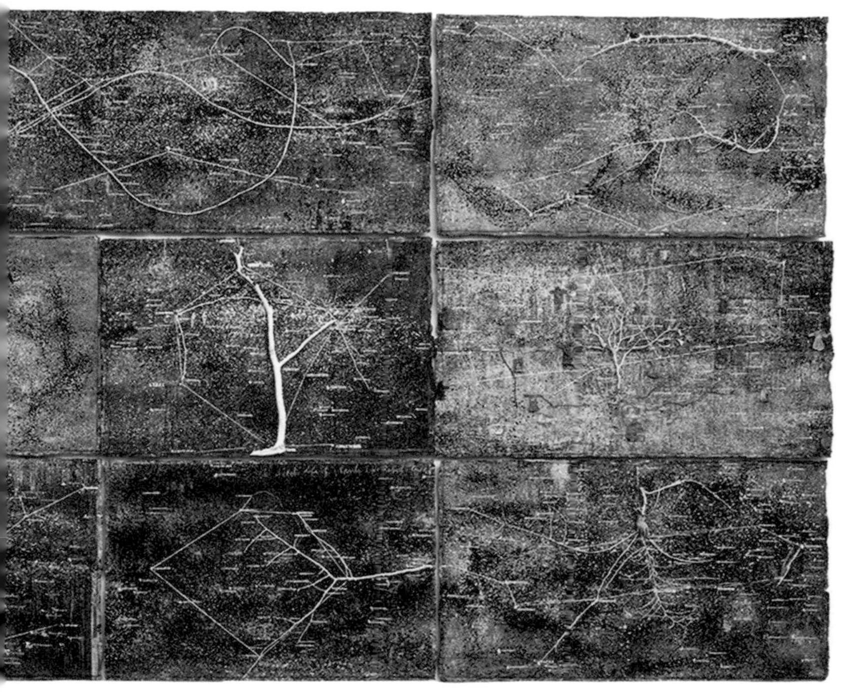

Merkur Trismegistos, Plato, Orpheus, die Sibyllen, Oracula chaldaeorum, Cassandra Trojana, Meister Merlin, Nostradamus: »Eideshelfer des göttlichen Geistes in der menschlichen Seele«.

Dr. Fludd, Clavis Pansophiae 5.3

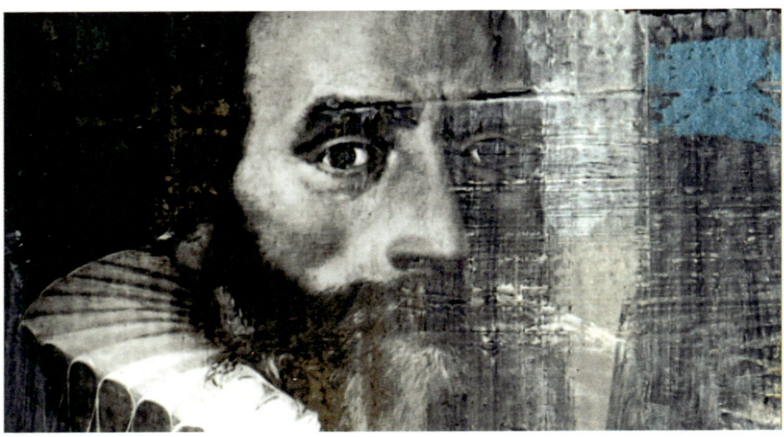

Johannes Kepler (* 27. Dezember 1571, † 15. November 1630). Als junger Assistent des Astronomen Tycho Brahe tätig in der Wunderkammer Kaiser Rudolfs II. in Prag.

Harmonices mundi, 1619

Der Würfel ist Symbol der Erde, das Viereck Symbol des Feuers, das Zwölfeck das Symbol des Himmels und der quinta essentia, das Ikosaeder (20 gleichseitige Dreiecke) fungiert als Symbol des Wassers = alles konzentrische Kugeln. Kepler klagte darüber – nahm aber in Kauf –, dass bei den Planetengesetzen solche Kugeln angepasst werden müssen, bis sie Ellipsen bilden.

Kepler hielt die Arithmetik für weniger leistungsfähig als die Geometrie

> Er arbeitete gern mit Zirkel und Lineal. Die fünf PLATONISCHEN KÖRPER, sagt er, geben präzise die Geometrie der Planetenwelt wieder. Es gibt aber, fährt er fort, einige Abweichungen, somit Krisen der Genauigkeit. In diesen Bahnen steckt eine »Nervosität der Natur«. Nichts, schreibt er, ist ganz genau. Die irrationalen Zahlen, die sich aus der $\sqrt{-1}$ für bei arithmetischen Berechnungen des Verhältnisses von Hypotenusen zu Katheten rechtwinkliger Dreiecke ergeben, hielt Kepler für »krumm«.

Kepler rettet seine Mutter, die Hexe

Ihr seht, sagte sie, dass alles klappt. Schon beginnt es zu dunkeln, und bei Anbruch des Morgens werden wir längst wohlbehalten in unseren Schlupfwinkeln sitzen.

Diese Äußerung der Hexe bzw. der als Hexe Beschuldigten war durch zwei Zeuginnen belegt. Dagegen hatte sich nicht erwiesen, dass Gebäude sich entzündet hätten, dass Kühe beeinflusst oder verhext worden, dass Kinder verführt oder umgekommen wären. Auch »Schlupfwinkel«, auf die sich der Hinweis in der Äußerung der angeblichen Hexe hätte beziehen können, waren nicht gefunden worden.

Dr. Kepler, Sohn der Beschuldigten, Astronom und Mathematiker, mit Schreiben der Universitäten Reutlingen und Prag versehen, verhandelte über das Geschick der Beschuldigten mit dem Hohen Gericht. Es blieb nur übrig, entweder ihn in den Verdacht einzubeziehen und insoweit das Verfahren auszuweiten oder aber auf das spärliche Indiz des übriggebliebenen Satzes der Hexe, der im Verfahren protokolliert war, hinwegzugehen. Der Vorsitzende

Richter war von der Hexenhaftigkeit der Frau überzeugt, glaubte auch in den Augen des Gelehrten einen Reflex gesehen zu haben, der ihm verdächtig erschien. Andererseits hatte es den Anschein, der Gelehrte sei dem Kaiser vertraut. Es werde nicht ohne Folgen bleiben, wenn die relativ kleine Gemeinde und ihr örtliches Inquisitionsgericht gegen ihn Anklage erhebe.

So ließ der Richter die Hexe frei. Kepler nahm die alte Frau mit und pflanzte sie an in seinem neuen Wohnsitz in Prag. Im städtischen Kontext war der Vorwurf der Hexerei zu jenem Zeitpunkt bereits unüblich.

> Als Kepler 1630 sein überfälliges Gehalt (12 000 Reichstaler) vom Reichstag zu Regensburg einklagen wollte, erkrankte er in seinem Quartier und starb am 15. November nach kurzem Fieber.

Zwei Menschen in einem ZEITENTEMPEL. Sie lebten um etwa 1200 Jahren getrennt voneinander. »Verschränkte Seelen«.

Der Astronom Johannes Kepler war sich ganz sicher. Er hatte sein Horoskop und das Geburtshoroskop des römischen Kaisers Julian Apostata wieder und erneut sorgsam berechnet. Die Konstellationen waren verblüffend gleich.

Kaiser Julian, der zweite Kaiser, der auf den Kaiser Konstantin folgte, war entsetzt über den Fanatismus der christlichen Bischöfe, die alle klassischen Götter, Halbgötter und guten Geister der Antike verboten und verbrannten. Er war zum Heidentum zurückgekehrt. Er hatte die Toleranz wiederhergestellt. Die Christen weigerten sich, sie zu nutzen. Sie nannten den Kaiser »Apostata«, den Abtrünnigen. Tatsächlich war er lediglich ein Heidenkaiser wie zahllose andere aus den Zeiten vor Konstantins Bekehrung.

Nur war er klüger, generöser, neugieriger als alle früheren Kaiser und bewegte sich auf den Spuren Alexanders des Großen im Morgenland bis zum Euphrat.

Die seelische Identität – die selbstverständlich auch den Körper betrifft, dem ja die Seele den Taktschlag im Einzelnen vorgibt – zwischen dem Römerkaiser und Kepler nennt man eine »spirituelle Verschränkung«. In der Praxis wäre sie daran erkennbar, dass, hätte Johannes Kepler in irgendeiner Sache gelogen, im »gleichen Moment der Ewigkeit«, also instantan, auch aus dem Munde des Kaisers Julian Apostata rückwirkend eine Lüge geäußert worden wäre. Das war nur dadurch nicht der Fall, dass Kepler nie log. Die Seelenzwillinge waren verbunden durch Ernsthaftigkeit. Auch dadurch, dass sie überhaupt wenig sagten. Zwei geglückte Naturen.

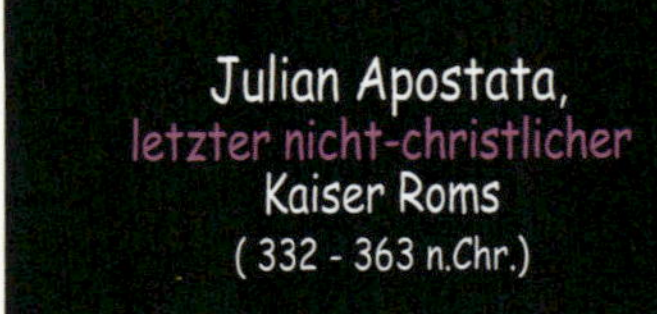

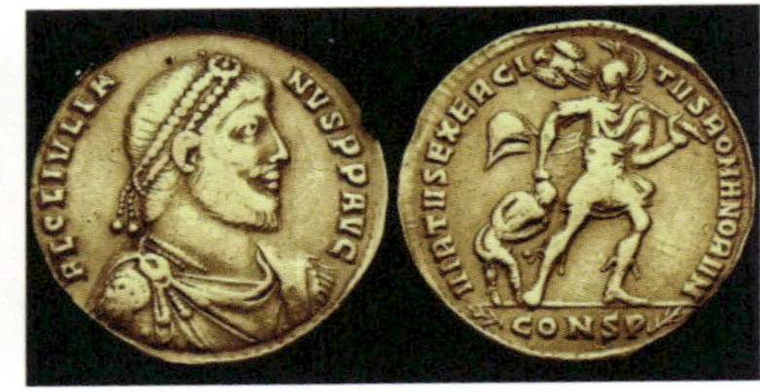

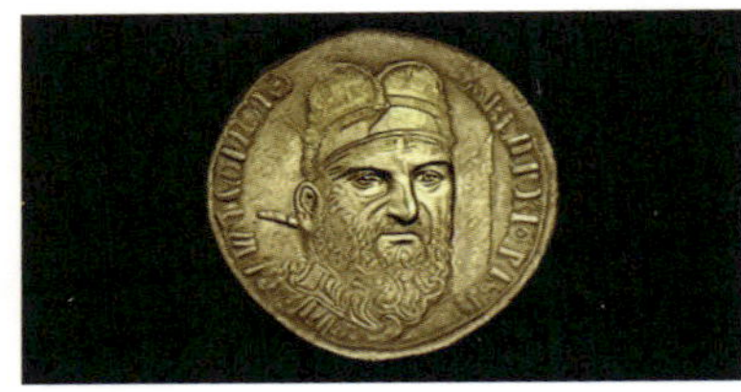

Johannes Kepler,
der Astronom in
Prag
(1571 - 1630) ...

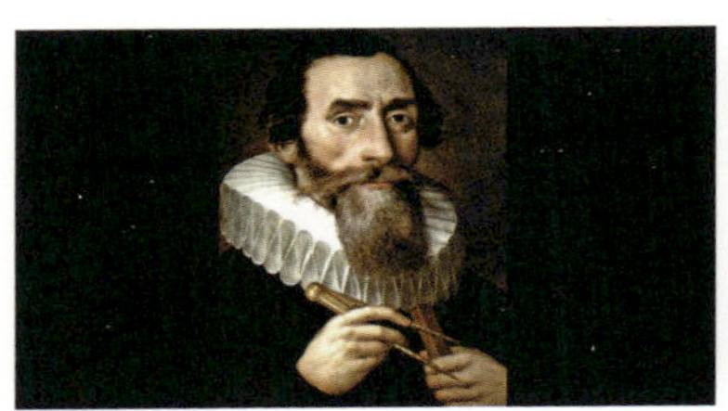

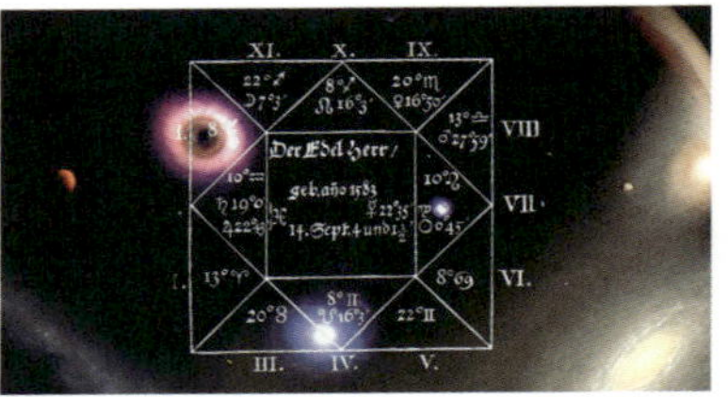

Fludd kritisiert Keplers Musiktheorie

Die Sextile (Sechseck) entspricht der Moll-Terz. Die Quintile (Fünfeck) der Dur-Terz. Das Quadrat der Quarte und Sesquadrum der Moll-Sext, die Opposition der Oktav. Die Kräfte der Winkel würden bei Kepler von der Erdseele aufgenommen und äußerten sich dort in Wolken, Dämpfen und Winden. Deshalb habe sich Kepler auch getraut, die Weltenseele ein Tier zu nennen.

Johannes Kepler und Robert Fludd im Streit um kosmische Harmonie und Musik

1617 erschien der erste Band von Fludds *Utriusque Cosmi Historia*, Geschichte beider Arten des Universums. Kepler glaubte, dass insbesondere in der Musiktheorie Fludds, der *musica mundana*, der englische Gelehrte Notationen zur Musik der Planeten und andere Gedanken aus Keplers *harmonices mundi* übernommen hätte. Kepler reagierte empfindlich.

Fludds Musiktheorie

Fludd unterscheidet die *musica mundana* (kosmische Musik) von der *musica humana* (Menschenmusik) und der *musica instrumentalis* (= das, was wir gemeinhin unter Musik verstehen mit Gesang und Orchester). Die *musica mundana* ist Sphärenmusik und die Interaktion der Elemente, also das Summen von Mikrokosmos und Makrokosmos. Die *musica humana* umfasst dagegen Kunst und Wissenschaft. Das ist der Taktschlag des Geistes. Es hat mit Gesang oder den von Instrumenten hervorgebrachten Tönen in Konzertsälen nicht unbedingt zu tun (obwohl so etwas unterstützend wirkt): Es geht um die lebhafte Bewegung aller Geister in Philosophie, Theologie, Geheimwissenschaften, Physik, Mathematik, Dialektik und aller Kunst, einschließlich der Heilkunst.

Das ist eine Musiktheorie, die auf Pythagoras zurückgeht, teilweise geht es auch um heilige Zahlen und heilige Buchstaben. Kepler hält einiges davon für Aberglauben.

Keplers Konzept von Musik und Harmonie im Kosmos

Keplers Vorstellungen sind streng konstellativ. Die Sternenkräfte, alle Physik, Geometrie, die Empfindungen und die Geisteskräfte der Menschen sind reale Kräfte. Deshalb sind auch seine Vorstellungen von der Planetenmusik von den gemessenen Planetenbahnen und geometrischen Gesetzen abhängig. Vor allem lassen sich solche Konstellationen nicht auf Zahlen und Rätsel reduzieren. Sie besitzen eine seelische Valenz. Sie sind objektiver Natur und wirken auf die Erdseele und die menschliche Seele zurück.

Es gibt Konstellationen der Planeten. Sie wirken auf die sublunare Seele im Raum Erde und Mond zurück. Sie reagieren wie ein Wetter. So können Konstellationen von Mars, Saturn, Venus, Uranus und Merkur galaktische Unwetter, aber auch Stürme im Innern der Menschen auslösen. Dies gilt es in Musik zu setzen oder zumindest so zu verstehen, wie die Ohren Nachrichten der göttlichen Ordnung oder der kosmischen Einflüsterungen »verstehen«. Die menschliche Seele wird durch die musikalische Harmonie »angenehm berührt« und freut sich an der Quarte, auch an der Quinte und der Terz, auch an der Oktav, lehnt aber die Sekunde (als zu starke Reibung zwischen zwei Nachbartönen) ebenso wie die None oder die Septime ab.

Diese Geometrie des Schönen verträgt sich nicht mit dem kabbalistischen Ansatz Fludds. Fludd beschreibt die Trinität als ein ständiges Werden. Er schreibt diesem gewaltsamen Prozess von Metamorphosen eine unwiderstehliche Gewalt zu. Das findet Kepler zu unordentlich.

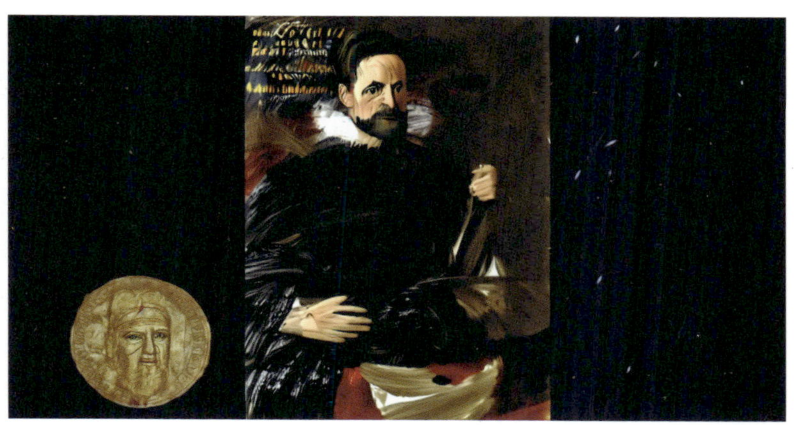

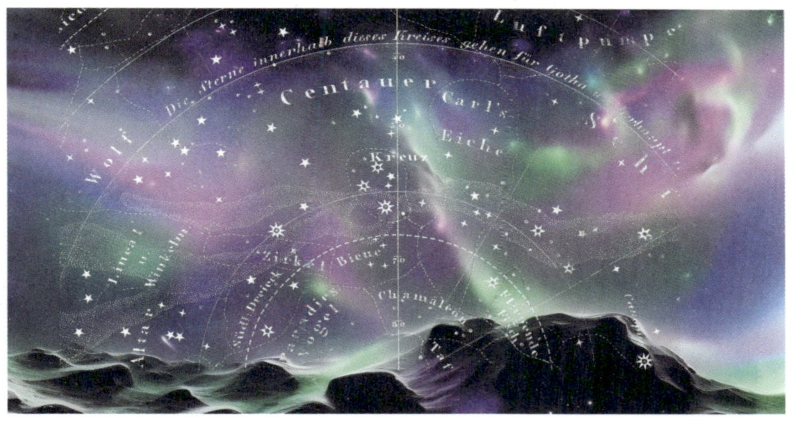
Centauer
Carl's
Eiche
Kreuz
Wolf
Biene
Chamäleon

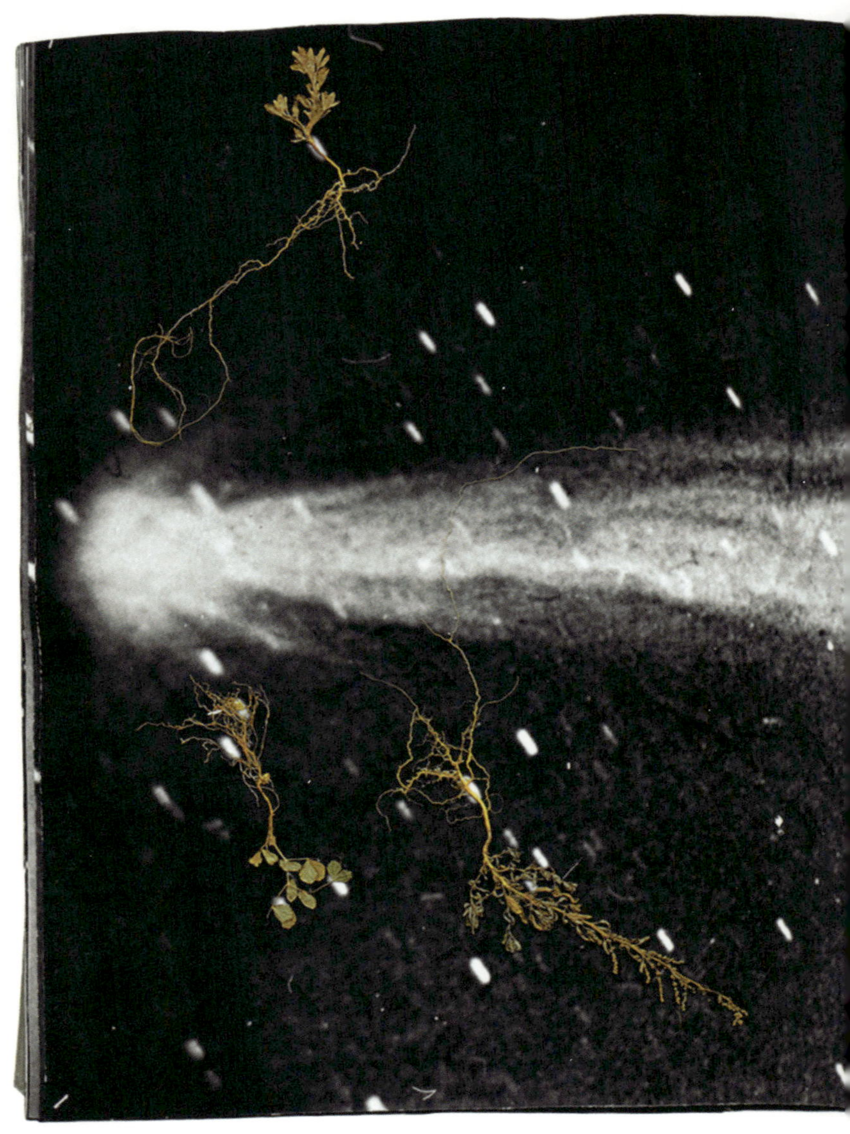

The Secret Life of Plants
1998
Pflanzen und Graphit auf Photographie, gebunden
14 Seiten
64,5 × 50 cm

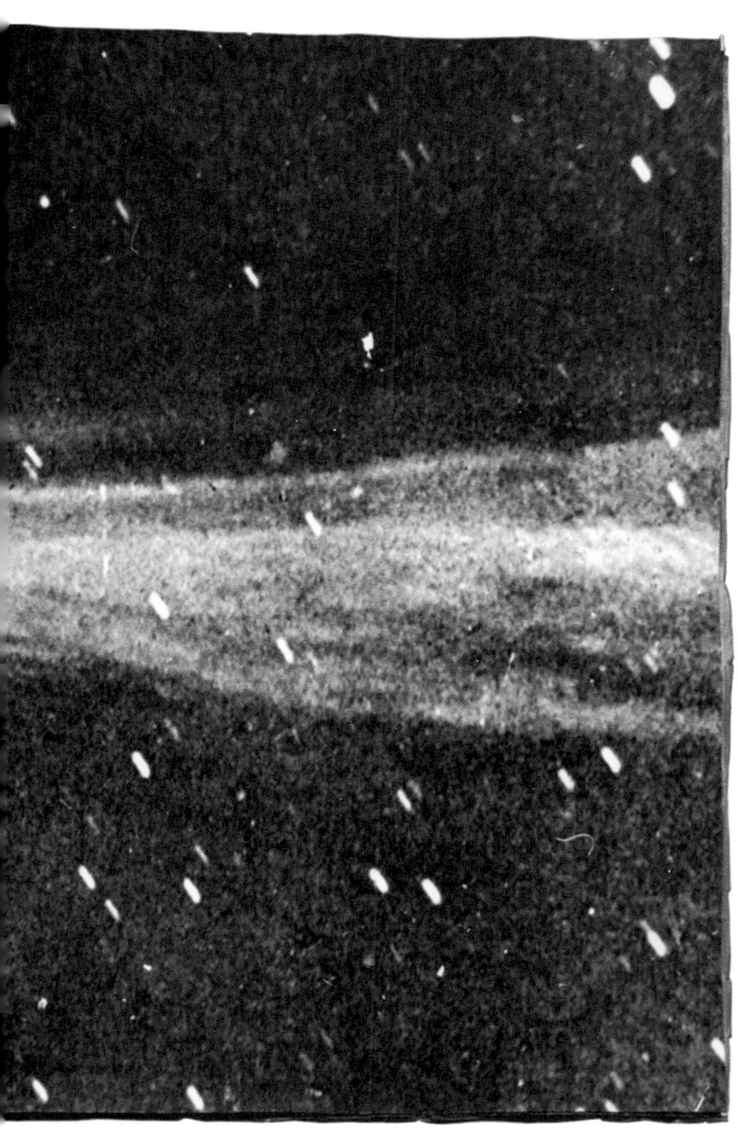

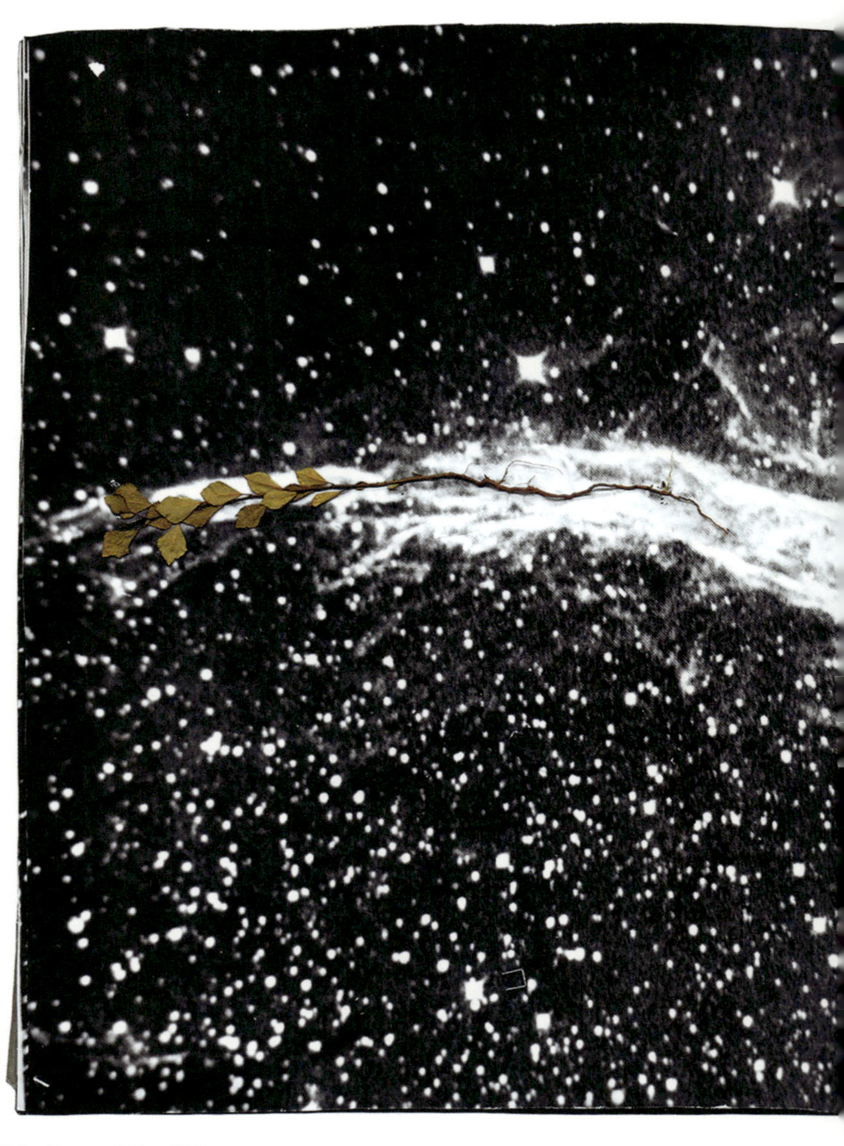

The Secret Life of Plants
1998
Pflanzen und Graphit auf Photographie, gebunden
14 Seiten
64,5 × 50 cm

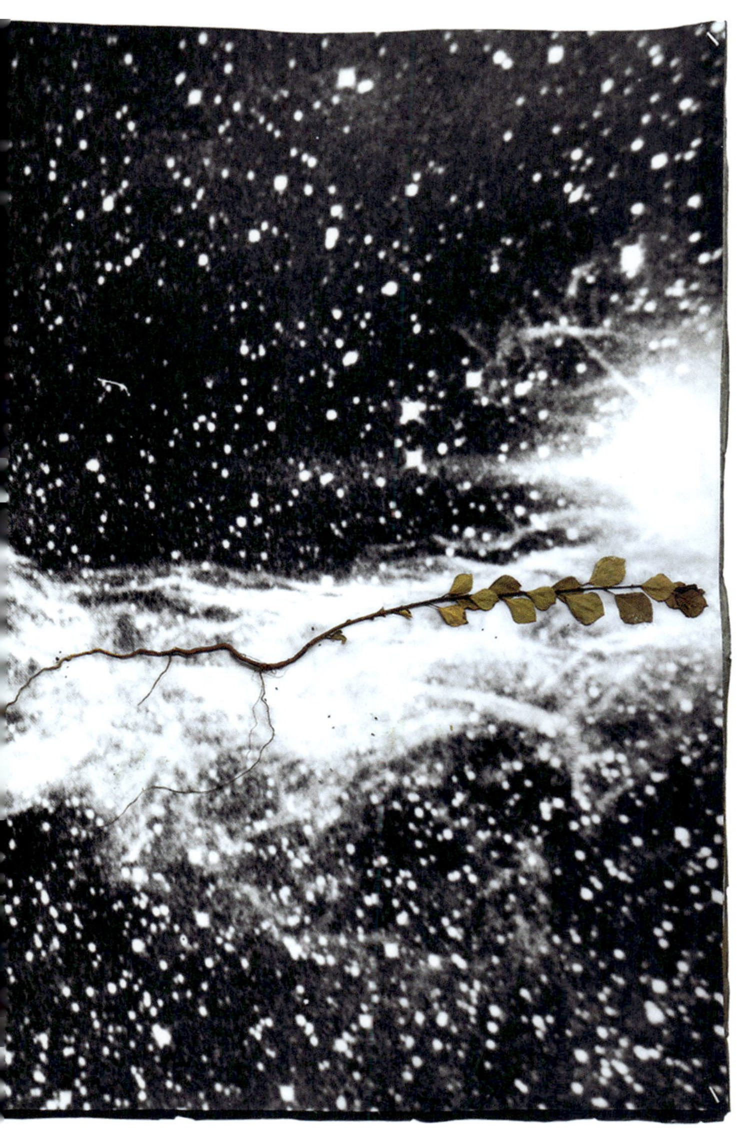

STATION 10

»Hausbau des Vertrauens« / Hölderlins *Pindar-Fragment* /
»Von den Sternen stürzt die Zeit«

DACH DER WELT / Anselm Kiefer über die RELATIVITÄT der Zeit / Gespräch aus der Zeit, in der wir uns noch siezten

Kluge: Was würde für Sie bedeuten »Dach der Welt«?

Kiefer: Ja, da war ich mal, da bin ich mal gewandert drei Wochen lang.

Kluge: Wie empfinden Sie so aufgefaltete Erdkrusten, die sind ja schon groß?

Kiefer: Ja, ja.

Kluge: Und sind wie ein langsames Erdbeben.

Kiefer: Sie meinen jetzt diese Erdbewegungen. Es braucht mehr als zehntausend Jahre, dass die Belutschistan-Platte aus dem indischen Ozean auftaucht und gegen den Hindukusch sich bewegt. Dass also die Indische Platte mit der Eurasischen Platte sich verbindet.

Kluge: Und das ist wie ein verlangsamtes Erdbeben.

Kiefer: Das ist die Relativität der Zeit. Ich fühle mich da immer sehr wohl, wenn ich so etwas sehe. Ich fühle mich in eine andere Zeit hineinversetzt.

Kluge: … eine Wirklichkeit.

Kiefer: Das ist eine andere Wirklichkeit, das ist eine richtige Wirklichkeit. Und ich fühle mich da wohl. Es gibt ja die drei Zeiten, also die kosmische Zeit, die geologische Zeit und unsere Zeit. Und wenn ich mich an die kosmische Zeit anspanne, bin ich gleich viel beruhigter, weil, dann habe ich mehr Zeit vor mir.

Kluge: Und die hat ja mit uns zu tun. Denn unsere Zellen wissen von dieser Zeit.

Kiefer: Ja sicher. Die Zellen haben ja unser Gedächtnis, das ist ja nicht nur der Kopf.

Kluge: Drei Sonnen müssen untergehen, damit der Stoff entsteht, aus dem unsere Zellen gemacht sind. Das ist schon sehr aufwendig.

Kiefer: Ja, in der Natur ist alles sehr aufwendig, alles.

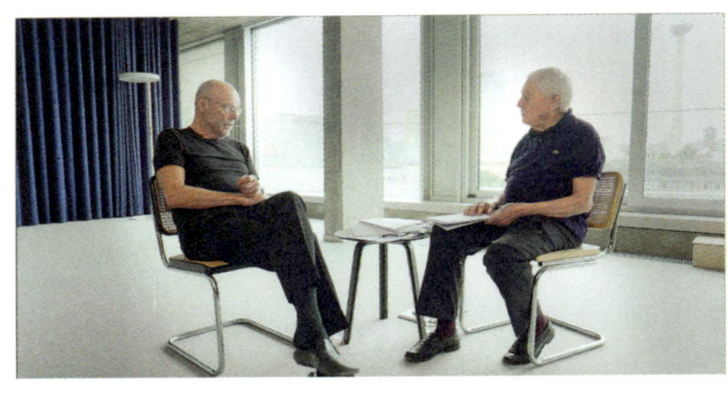

Selbst die Steine sind belebt / 4:04 Min

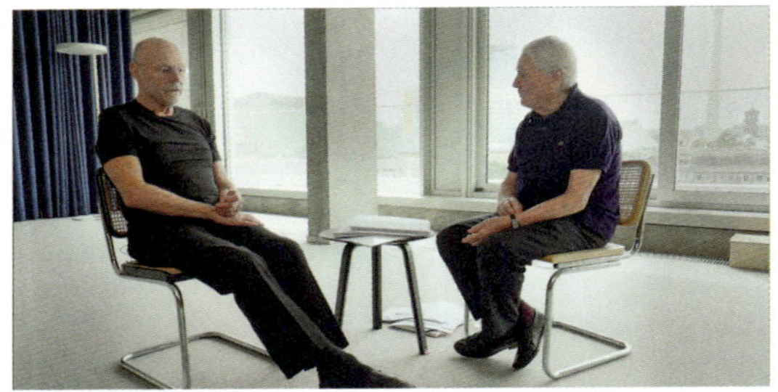

»Ich halte dich nicht für zynisch …« / 14:46 Min

Kommentar zu Hölderlins Pindar-Fragmenten: »Klugheit ist die Kunst, unter verschiedenen Umständen getreu zu bleiben«

Untreue der Weisheit

O Kind, dem an des pontischen Wilds Haut
Des felsenliebenden, am meisten das Gemüth
Hängt, allen Städten geselle dich,
Das gegenwärtige lobend
Gutwillig,
Und anderes denk in anderer Zeit.

Fähigkeit der einsamen Schule für die Welt. Das Unschuldige des reinen Wissens als die Seele der Klugheit. Denn Klugheit ist die Kunst, unter verschiedenen Umständen getreu zu bleiben, das Wissen die Kunst, bei positiven Irrtümern im Verstande sicher zu seyn. Ist intensiv der Verstand geübt, so erhält er seine Kraft auch im Zerstreuten; so fern er an der eigenen geschliffenen Schärfe das Fremde leicht erkennt, deswegen nicht leicht irre wird in ungewissen Situationen.

Kommentar:

»Felsenliebend« bezieht sich auf den Kentauren Chiron, der in einer Höhle im Felsgelände auf dem Berge Pera, mit Blick auf die Ägäische See seinen Sitz aufgeschlagen hat. Das ist die »einsame Schule für die Welt«. Chiron ist Arzt, sternenkundig, ein Sohn des Chronos und somit Halbbruder des obersten olympischen Gottes ZEUS. Vor allem ist er Lehrer. Er war Lehrer von Achilles, Nestor, Odysseus und einer großen Reihe anderer mythologischer Helden in deren Jugend. Er ist auch der Lehrer von Jason, dem er die ärztliche Kunst und emotionale Elemente der Klugheit beizubringen versucht hat. Die Seele Jasons hat später einiges des Gelernten wieder vergessen. Der Name Jason heißt wörtlich übersetzt »Heiland«. Das bezieht sich aber nicht auf einen religiösen Inhalt, sondern auf ärztliche Künste, die Fähigkeit, zu heilen. Der Name seines Lehrmeisters, des Kentauren Chiron, ist abgeleitet von dem Wort »Hand«, »die ärztliche Hand«. Sie ist der Anfang aller Kunst.

In diesem Zusammenhang der Lehrtätigkeit des Kentauren Chiron spricht Hölderlin von »der Seele der Klugheit«. In diesem Sinne – immer nach der Interpretation Hölderlins – ist Klugheit die Kunst, unter verschiedenen Umständen getreu zu bleiben.

Das »Wissen« ist die Kunst, bei positiven Irrtümern »im Verstande sicher zu seyn«. Es gibt zwei Stämme der Erkenntnis, den Verstand und die Sinne, die Begriffe und die Anschauung. Die beiden Stämme verstehen einander nicht. Sie brauchen eine dritte Kraft, die Einbildungskraft, die sie auf zauberische Weise miteinander verbindet. Es ist eine RATENDE Kraft. Sie ist weder genau noch ungenau. Sie besitzt die Magie, wenn sich der Verstand im Zerstreuten bewegt, in der Welt der Zufälle, der unmittelbaren Eindrücke, von Furcht und Schrecken, wenn er sich im Nebel orientiert, zum Beispiel in den Nebeln des Kriegs, dass er dann das ihm Fremde, die Summe aller Sinnlichkeiten, in deren Unterschied zur »eigenen geschliffenen Schärfe« unterscheidet. Er wird dann nicht irre in ungewissen Situationen. Dass der Geist Präzision kennt – wie in der Mathematik oder Physik – und dass er zugleich sich im »Ungefähr« zu orientieren weiß. Das macht ihn intensiv, das will mit Chirons Hilfe geübt sein.

Von der Wahrheit

Anfängerin großer Tugend, Königin Wahrheit,
Daß du nicht stoßest
Mein Denken an rauhe Lüge.

Furcht vor der Wahrheit, aus Wohlgefallen an ihr. Nemlich das erste lebendige Auffassen derselben im lebendigen Sinne ist, wie alles reine Gefühl, Verwirrungen ausgesetzt; so daß man nicht irret, aus eigener Schuld, noch auch aus einer Störung, sondern des höheren Gegenstandes wegen, für den, verhältnismäßig, der Sinn zu schwach ist.

Kommentar:
Hölderlin bezeichnet die Wahrheit als Königin. An späterer Stelle in den *Pindar-Fragmenten* sagt er »König bedeutet hier den Superlativ, der nur das Zeichen ist für den höchsten Erkenntnißgrund, nicht für die höchste Macht«. Das Gesetz, sagt er, das Sterbliche und Unsterbliche, Götter und Menschen mit allerhöchster Hand leitet, das hat mit Justiz wenig zu tun. Es geht um das, weswegen der Kentaur Chiron der »Gerechteste unter den Kentauren« genannt wird. So wie es einen »Atem des Geistes« gibt, wie die »Wolken als Flocken über den Blumen« sich über den Erdkreis bewegen, so sind wir Menschen – immer nach der Interpretation Hölderlins – mitsamt den Göttern, dem Atem des Geistes, dem Kosmos und dem unendlich Kleinen (bis zur Planck-Länge hinab) gemeinsam in einem Kokon zusammengefasst. Dieser Zusammenhang ist das Gesetz: »im lebendigen Sinne«. Wenn Menschen oder auch Geister (bei Hölderlin »Götter«), also Seelenstürme, die den Erdball umrunden, sich irren, liegt das an der »Höhe des Gegenstandes«. Im Verhältnis zum Ganzen sind die Verstandeskräfte und die Sinne, samt Ahnungen und Einbildungskraft, verhältnismäßig schwach. Es ist unvermeidbar, dass das Gefühl Verwirrungen ausgesetzt ist, dass einer sich irrt, nicht, weil er verwirrt oder gestört ist oder aus Schuld. Positiven Irrtum muss ich vermeiden. Aber jeder Irrtum hat einen Grund. Und dieser Grund enthält Lebenserfahrung, in der wir schwimmen. Dass ich die Wahrheit suche, erkenne ich, wenn ich mich irre. Die »rauhe Lüge« kann ich erkennen. Ich tappe nicht im Dunkeln, wenn meine Irrtümer den Horizont ausleuchten. Sammle ich, wie es die Brüder Grimm mit der Sprache und den Märchen machten, alle mir bekannten Irrtümer –

die von mir und die der anderen – und folge ihnen *nicht*, sondern schließe wie eine Fledermaus aus dem Echo auf meinen rechten Weg, dann habe ich einen »natürlichen Sinn zum Finden von Notausgängen«. Getreu memoriere ich – mit Musik in Opern, ohne Musik in der Erzählung und mit besonderer Lust in Film und bildender Kunst – alle gewesenen Irrtümer und die in ihnen enthaltene Erfahrung. Diese Sumpflichter sind verlässlicher als alle Regeln der Weisheit.

Das Höchste

Das Gesez,
Von allen der König, Sterblichen und
Unsterblichen; das führt eben
Darum gewaltig
Das gerechteste Recht mit allerhöchster Hand.

Das Unmittelbare, streng genommen, ist für die Sterblichen unmöglich, wie für die Unsterblichen; der Gott muß verschiedene Welten unterscheiden, seiner Natur gemäß, weil himmlische Güte, ihret selber wegen, heilig seyn muss, unvermischet. Der Mensch, als Erkennendes, muss auch verschiedene Welten unterscheiden, weil Erkenntniß nur durch Entgegensetzung möglich ist. Deswegen ist das Unmittelbare, streng genommen, für die Sterblichen unmöglich, wie für die Unsterblichen.

Die strenge Mittelbarkeit ist aber das Gesez. Deswegen aber führt es gewaltig das gerechteste Recht mit allerhöchster Hand.

Kommentar:

Die »strenge Mittelbarkeit« ist auch das gedankliche Gesetz der Frankfurter Kritischen Theorie. Die Dialektik der Aufklärung, symbolisiert und kurzgeschlossen im Bild des Odysseus, der sich an den Mastbaum seines Schiffes gefesselt hat und so der Verführung der Sirenen, eigenartig musikalischen Naturgewalten, entgeht, hat den inneren Grund, dass wir Menschen, aber auch alle anderen fortgeschrittenen Naturwesen wie die Götter (oder die Geister aller Toten, die die Menschheit geleiten), amphibisch existieren. Bis zur Brust stehen wir in der Evolution, ihr Atem, das Herz und die Verdoppelung aller Körper im Kopf versucht oberhalb dieser Kruste zu fliegen. Dädalus war darin erfolgreich. Dessen Sohn Ikarus stürzte ab. Ebenso Phaeton, der bereits abstürzt, bevor es die Menschen gab. Wir leben in einer gesellschaftlichen Natur und wir sind Naturwesen.

Wir müssen deshalb zu jeder Zeit zwei verschiedene Welten unterscheiden, wenn wir getreu sein wollen. Das Unmittelbare entsteht nur durch Entgegensetzung. DAS IST DER ANTIREALISMUS DES GEFÜHLS. Die Worte Klugheit und Gerechtigkeit verwenden wir umgangssprachlich in einem vollkommen anderen Sinn als Hölderlin in seinen Fragmenten. Wir brauchen Wortfelder, die die falsche Unmittelbarkeit zurückverwandeln in eine babylonische Fülle von Unterschieden. In denen schwimmen wir und alles, was als Zufallswolke oder Bestimmung uns und unsere Kinder in die Zukunft weht, braucht diese Masse an Unterscheidungskunst, an DIFFERENZ, wie die französischen Philosophen sagen, um sich zu orientieren. Einige der Bilder mit Inschriften von Paul Celan oder Hölderlin kann man wie »Ortsschilder der Erkenntnis«, wie »Straßenkarten« lesen. Um auf die *Pindar-Fragmente* zu antworten, muss man jeden Tatbestand viermal erzählen. Durch:

Musik
Sprache
Ikonographie
Mathematik

Das Belebende

Der Begriff von den Zentauren ist wohl der vom Geiste eines Stromes, sofern der Bahn und Gränze macht, mit Gewalt, auf der ursprünglich pfadlosen aufwärtswachsenden Erde.

Sein Bild ist deswegen an Stellen der Natur, wo das Gestade reich an Felsen und Grotten ist, besonders an Orten, wo ursprünglich der Strom die Kette der Gebirge verlassen und ihre Richtung quer durchreißen mußte.

Centauren sind deswegen auch ursprünglich Lehrer der Naturwissenschaft, weil sich aus jenem Gesichtspunckte die Natur am besten einsehen läßt. In solchen Gegenden mußt ursprünglich der Strom umirren, eh er sich eine Bahn riß. Dadurch bildeten sich, wie an Teichen, feuchte Wiesen, und Höhlen in der Erde für säugende Tiere, und der Centauer war indessen wilder Hirte, dem Odyssäischen Cyklops gleich; die Gewässer suchten sehnend ihre Richtung. Jemehr sich aber von seinen beiden Ufern das trocknere fester bildete und Richtung gewann durch festwurzelnde Bäume, und Gesträuche und den Weinstock, desto mehr mußt auch der Strom, der seine Bewegung von der Gestalt des Ufers annahm, Richtung gewinnen, bis er, von seinem Ursprung an gedrängt, an einer Stelle durchbrach, wo die Berge, die ihn einschlossen, am leichtesten zusammenhingen. [...]

... und warfen die weiße Milch und den Tisch mit Händen weg, die gestaltete Welle verdrängte die Ruhe des Teichs, auch die Lebensart am Ufer veränderte sich, der Überfall des Waldes mit den Stürmen und den sicheren Fürsten des Forsts regte das müßige Leben der Haide auf, das stagnierende Gewässer ward so lange zurückgestoßen, vom jäheren Ufer, bis es Arme gewann, und so mit eigener Richtung, von selbst aus silbernen Hörnern trinkend, sich Bahn machte, eine Bestimmung annahm.

Kommentar:
Chronos (Saturn) ist ein gestürzter Gott. Sein Sohn Zeus hat ihn kastriert, aber nicht umbringen können. Die Herrschaft eines Unsterblichen endet auch nicht mit seinem Sturz aus der Macht. Chronos, der Gott der Zeit, oder besser: der Zeiten, ist durch sein Verschwinden am Götterhimmel nur in seine Teile zerlegt worden. Es gibt eine in Zahlen nicht fixierbare Menge von Zeiten, vom glücklichen Moment, dem Kairos, bis zum Äon, der Fülle der Jahrtausende. Und das beschreibt noch längst nicht die Zeit und ebenso nicht die Anti-Zeit, die Pausen, die die Zeit macht und die Lücken in ihr, in denen die schiere Möglichkeit so alternativ ihr Leben hat wie die Welt des unsterblichen Chiron neben der Welt des Menschenherrschers Zeus oder der Big Five in Silicon Valley, die als moderne Usurpatoren auf einer imaginären Bühne Richard Wagners ein neues Walhalla bauen.

Chiron, ein Halbbruder des Zeus, lehrt eine alternative Geschichte

Wie liebenswürdig Hölderlin in seinem Fragment »Das Belebende«, den Geist des großen Lehrmeisters Chiron beschreibt! Mit der Metapher von Gewässern, die ihre endgültige Richtung noch nicht gefunden haben.

Abstammend vom gleichen Urgott, von dem wir wenig Genaues wissen, gibt es zwei Halbbrüder. Der eine hat die Geschichte in Gang gesetzt, die wir kennen. Der andere hat eine alternative Geschichte gelehrt, Heroen unterrichtet und ausgesandt und hat dann sein Leben für die Freiheit des Prometheus getauscht. Nichts ist endgültig entschieden. Für Fatalität kein Grund.

Menschen, die von Kentauren abstammen, besitzen vier Grundkräfte, von denen eine aus Lehr- und Lernkraft besteht. Und es ist angezeigt, schreibt Henriette Honeybee Ertl (so heißt die Nachfahrin aus der Verbindung Hölderlins mit Wilhelmine Kirms, die

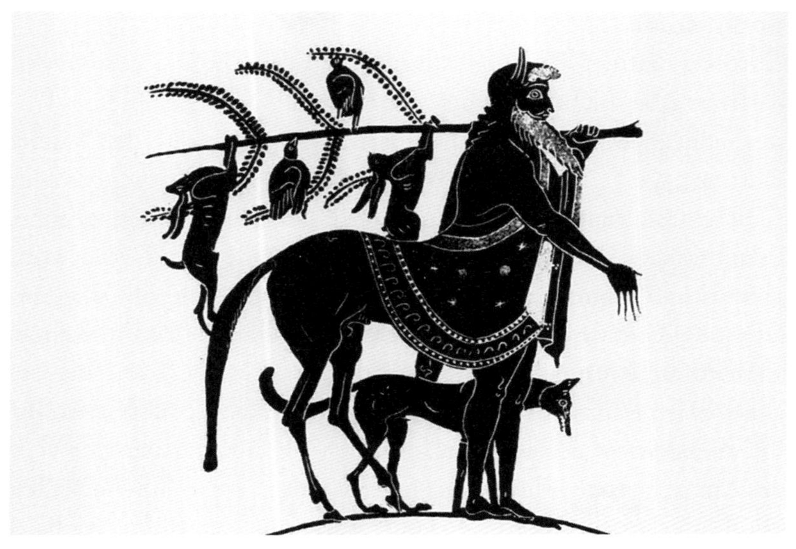

Einen Sattel kennen Kentauren nicht. Das Fell eine Flocke. Für die Geburt ist gleich, ob der Kentaur männlich oder weiblich ist. Bei Kentauren, die göttlich sind, wachsen die Jungen auf dem Rücken. Die Jungen wachsen aus den Schultern und wandern während der Schwangerschaft das Rückgrat abwärts.

über ein vollständiges Hölderlingenom verfügt), die vier Ströme genau zu benennen. Sie hören auf Zuruf wie die Rosse des Sonnengottes. Sie lassen sich lenken, jedoch nur von dem, der ihre Namen kennt. Die Rosse müssen nämlich angetrieben werden, wenn sich die Fahrt verlangsamen soll und antworten auf Zügelung, indem sie schneller rennen.

»DENN NICHTS KANN EIN UND ALLES SEIN / EIN RISS HAT ES GETRENNT«

»Das Unschuldige des reinen Wissens ist die Seele der Klugheit«

Notiz von Velimir Chlebnikov von 1911

»Alles in der ZWEI: antagonistisch oder parallel. Drittes Auge, DIE DREI, ist ein Sack von Fragmenten. VIER, das rate ich Dir. Nämlich die Weiten des Quadrats, die Allmende: Herberge aller Dreiecke und Ausbund über der Hypotenuse. Die FÜNF aber ist wild und nicht zähmbar. So auch die SIEBEN, ein guter Pfad. Die Erkenntnis muß über sieben Stufen verlaufen (Reibung und Abwege) und gelangt so zu der Zahl 365 minus 39 = 326. Die wesentlichen Ereignisse der Weltgeschichte finden im Abstand oder einem Fragment der kosmischen Zahl 326 statt.«

EINER GING STETS DEN WEG ÜBER DIE ANTITHESE UND DURCH DIE NACHTSEITE DER DINGE UND KAM DOCH NIRGENDWO AN IM GERADEN.

»TREUE TUT NOT«

»Und um die Wälder sehe ich die Fittige / Des Himmels wandern«

Ich weiß schon: Fittige des Himmels, das sind die Gefiederten, die Vogelschwärme, welche die Wälder umrunden und auf den Feldern sich niederlassen. Sie sind aber nicht »die wandernden Fittige des Himmels«. Das sind nämlich schützende Flügel, Engelsflügel, und in unserem 21. Jahrhundert sind dies auch nicht die Wolken, nämlich die verdichteten, wenig belastbaren Gasmasken, die wie Vorhänge über China die Sonne wegschließen. Es sind vielmehr die den Himmel durchstürzenden Datenmassen, welche die Hochbauten umwandern, nicht die Wälder. Auch tags im Dunkeln.

»Nun sitz ich still allein, von einer / Stunde zur anderen«

»Seelenmut«

Der Klugheit zugeordnet bei Hölderlin. Treffender Ausdruck für das Prinzip der Aufklärung, des »zarten Keims« (Kant), »der dem Gemüt der Menschen nicht auszutreiben sein wird«. Der Verstand selbst ist ein Tool. Es ermöglicht gutes Unterscheidungsvermögen, es löst komplexe Lagen auf, dient der Orientierung, hält die verschiedenen Seelenkräfte nebeneinander fest. Dieses Werkzeug ist süchtig nach Einzelheiten. Mit ihm allein aber wird nicht »der Mut, sich seines Verstandes ohne Anleitung eines Anderen zu bedienen« aufgebracht. Allerdings vermag der Verstand, so Immanuel Kant, die »Wohnungen der Erfahrung aufzuräumen«. Überflüssiges Mobiliar wird entfernt. In die leere Fläche ergießen sich die Seelenkräfte des guten Willens oder aber auch aggressive Antriebskräfte. Was davon Platz greift, kann der Verstand allein nicht entscheiden. Dafür braucht es »Seelenmut«.

»Todesmut«/ Eine Frau hebt ein Fahrzeug von 1,5 Tonnen »mit leichter Hand« / »Bleibt die Tatsache, dass das Kind gerettet worden war ...«

Eine »unerhörte Gegebenheit« war von einem Journalisten ausgeschmückt worden. Eine junge Frau hatte ihr Kind im letzten Augenblick davor gerettet, durch einen Traktor, eine landwirtschaftliche Maschine, überfahren zu werden. Das Kind war in die Maschine hineingerannt. Die Mutter hatte dem Kind zweifellos das Leben gerettet. Sie hatte das Kind zwischen den Rädern und Stangen der fahrenden Maschine hervorgezogen. Die glückliche Mutter war bereit, die Ausschmückung des Journalisten spontan zu bestätigen, dass sie nämlich, selbst unter das Fahrzeug geraten, »in einer Aufwallung« das schwere Gerät, mit einer Kraft, die Menschen sonst nicht besitzen, angehoben hätte. Ein Mensch könne das, schrieb der Journalist, wenn es um das Äußerste ginge. Die Mutter bestätigte. Sie habe die Tochter »hochkant« unter dem Traktor hervorgezogen, nachdem sie das schwere Fahrzeug in die Höhe gehoben habe.

Später kam auf, dass der Boulevardjournalist ihr einen Geldbetrag gezahlt hätte. Ein journalistischer Rivale hatte ihn angeschuldigt. Es kam zu einem Prozess zwischen den beiden Journalisten. Die junge Frau leistete einen Eid, ihre Darstellung sei wahr. Geld habe sie nicht genommen. Der etwas eitle Journalist, der die Ausschmückung bezahlt hatte, hatte aber Dritten von seiner Meisterleistung, seiner geschickten Handhabung der Sache, bereits erzählt. Auch diese Zeugen wurden befragt und vereidigt. Die junge, einsatzfreudige Mutter wurde zu zwei Jahren Haft wegen Meineids verurteilt. Das Gericht stellte sich ganz auf die Seite der physikalischen Erfahrung, dass ein Mensch, auch »in Aufwallung«, auch in extremen Stresssituationen, nicht mehrere Tonnen heben könne. Blieb die Tatsache, dass das Kind gerettet worden war.

Der Rabbi und die Decodierung der Weltseele

Rabbi Schroffenstein, eine Wiedergeburt des Rabbi Löw von Prag, war fähig, Passagen des Talmuds als Geheimtext zu lesen. Dazu muss man die Vokale und Konsonanten eines mit starker Seelenkraft ausgewählten Abschnitts auszählen und im Wege des Cross-Mapping als Quellcode für die Entzifferung von Zeitungsnachrichten des aktuellen Tages nutzen. Eine solche Decodierung weicht ab vom landläufigen Verständnis des Zeitgeschehens. Es besteht aber alles, was in der Welt geschieht, und zwar ordentlich aufgereiht auf der Zeitschiene, nochmals in der Parallelwelt, die aus der Zeit, ehe die Himmel, die Erde, die Wasser entstanden sind, fortbesteht. Es ist eine Welt aus Buchstaben und Zahlen wie Gott sie schuf, samt den verborgenen Buchstaben und der unbekannten Rückseite des Alpha.

Rabbi Schroffenstein experimentierte mit diesen zwei Wirklichkeiten (als wären sie ein Brennglas) in seinem Versteck in einem Gebirgstal bei Chur in der Schweiz. Das war im Jahr 1940. Es bestand auf deutscher Seite der Plan – nach der Kapitulation Frankreichs –, mit zwei Panzerkeilen in die Schweiz einzudringen und das neutrale Land zu besetzen. Rabbi Schroffenstein, der aufgrund seiner Informationen aus der von ihm decodierten Weltseite davon wusste, war dennoch nicht aus dem Lande geflohen, weil er annahm, selbst wenn die Deutschen die Schweiz besetzten, könnten sie ihn in dem entlegenen Gebirgstal nicht finden. Auch sah er – mit Hilfe der von ihm in den Zeitungsnachrichten im Taktschlag seines »zweiten Blicks« entzifferten Hinweise –, dass der Plan der Deutschen schon hinfällig wurde, ehe es zu Beschlüssen kam.

Was sah er »wie in einem Brennglas oder in einer Kugel«? Es waren keine Bilder, sondern, wie gesagt, Folgen von Buchstaben. Zu erkennen war aber der Kampf der Monstren Behemoth und Leviathan. Es gelang dem Landtier Behemoth und dem Meeresdrachen Leviathan nie, ein gemeinsames Gefechtsfeld zu finden, ihre Körper für einen »Endkampf« miteinander in Berührung zu bringen. Es waren lauter »falsche Kriege«. Die Realität aber – wie gesagt, bestehend aus zwei Naturen – hatte eine Vogelgestalt, eine Schwanennatur. Schwarz, königsgelb, flanellgrau, schafsgarben, changierend von Augenblick zu Augenblick. Erst später erkannte Schroffenstein in der ZUFALLSWOLKE, die sich über den Erdball spannte, dass es sich um den Vogel Phönix handelte, der, zu Asche verbrannt, immer wieder als Feuer erwacht, dass er sich zu einer unsicheren Flugbewegung aufmachte, so wie ein Flugzeug aussieht, das sein Heck und einen Flügel verliert und abstürzt. Schroffenstein nannte dies – das Wetter aller subjektiven Begehrlichkeiten – eine ewige Bewegung der Glückssuche und einen Exodus aus enttäuschtem Glück, so wie eine Truppe von Maden einen verwesten Körper verlässt, von dem sie sich zuvor vollfraß.

»Ein lebhaftes Leben, milchig weiß«

In dem Keller einer Universität ist ein toter Hase hinterlegt. Ein Tier der Ostara, ursprünglich der Fruchtbarkeit geweiht, weil sich Hasen rasch vermehren müssen, wenn sie von Füchsen dezimiert werden. Jetzt aber haben Bühnenarbeiter, die die Hinterbühne von Richard Wagners PARSIFAL für die Szene im dritten Aufzug – den Karfreitagszauber – ausstatteten, diesen toten Hasen in dem Kellergelass deponiert und in dem Raum Fruchtfliegen freigelassen, die ihre Brut in das verirrte Fleisch einbringen. Nach drei Werktagen quollen die Maden aus dem Innern des toten Tiers durch das Fell. Es ist ein lebhaftes Leben, milchig weiß. Aussichtslos in der Perspektive in diesem Kellergelass, in dem außer dem toten und jetzt aufgefressenen Hasen keine Lebenswelt für Fruchtfliegen oder auch nur für längerfristige Existenz der Maden zur Verfügung steht. Nur Backstein, Putz und eine fest verschlossene Tür. Nicht einmal Wissenschaftler, die den Vorgang protokollieren könnten, sind erreichbar. Keine Chance für einen Bericht. Eine

Sackgasse der Evolution. In diesem Kellergelass ist keine Leserwelt. Man sollte, sagt Schroffenstein, den Rest des toten Hasen verbrennen. Vielleicht, dass ein Phönix herausspringt. Es ist aber auch für Verbrennen kein geeignetes Material in dem Gelass, Keller oder Kerker.

Die Urenkel der Blumenkinder Kaliforniens von 1968 – jetzt organisiert als The Big Five von Silicon Valley – treiben Schneisen in das göttliche Alphabet

Es ist überliefert, dass Gott in den sechs Wochen vor jener Woche, in welcher er Sonne und Erde (und uns) erschuf, »mit Buchstaben spielte«. Man kann nicht sagen: Er probte. Er ist sich zu jeder Zeit seiner Selbst gewiss. Er »spielte mit größtem Ernst«. Insofern ist aller Kosmos, die Meere, die Tiere, das Firmament, die schweifenden Seelen Russlands (nach Art von brennenden Kerzen) aus Gottes Ernsthaftigkeit, den BUCHSTABEN geformt. Wir haben nichts Besseres als sie. Und außerdem die Zahlen.

Die Algorithmen, gemischt aus 0 und 1, sind davon die Verkürzung. Die Auslassung von Wesentlichem »macht flügge«. So sind die Datenwege von Silicon Valley die schnellsten unter allen Autobahnen. Sie teilen die Gelände des Erdballs. Wäre aber der Kundigste unter Doktor Fludds Scholaren mit den notwendigen Anti-Algorithmen bereits unterwegs, wäre es möglich, ein Gleichgewicht zu schaffen, wie es der scharfe Ostwind im März 2024 mit den zögerlichen Luftströmungen eines Azoren*tiefs* versuchte. In einer »mathematischen Katze«, einem Konzentrat an Information in Größe einer Streichholzschachtel, stecken »abrufbar durch 3-D-Drucker, die sich selbst erzeugen«, künftige Himmelskörper, Industrien, Strukturen, ja Scheren, welche die DNA zu neuen Kostümen schneidern. Eine Zauberwelt.

Was heißt Gold machen, was heißt Herstellung von Homunculi, was ist das Glück einer Alchimistenküche (am Hofe Kaiser Rudolfs II.), verglichen mit den digitalen Kühlschränken, in denen die ALPHABETE DER ZUKUNFT verwahrt werden?

Für Gott ist die Zahl Eins (und damit der Buchstabe Aleph) der Grund für die Zahl Zwei. Er muss ja den Buchstaben oder die Zahl jemand ansagen, und sei es, dass er zu sich selbst spricht. Und, wenn zwei miteinander reden, ist schon die Zahl Drei im Spiel. Dialog setzt voraus, dass es ein Drittes gibt, an dem einer den Unterschied zum Gesagten feststellt. Erst nach der Drei schuf Gott die Vier: das, was er außerhalb von sich stellt, die EMANATION, die Wirkung. So sind wir auf dem Weg zur Sieben, wenn wir zu den ersten vier Zahlen die drei Zahlen im Gottesnamen hinzuzählen.

Rabbi Akira (in spiritueller Nachfolge der achthundertachtzigste Rabbine dieses Namens) bezweifelt, dass digitale Systeme oder Algorithmen (die ja die Buchstaben Gottes nie vollständig zählen) in der Lage sind, auch nur *eine* der Zahlen Gottes in ihre Datenbanken einzubringen. Ein authentischer Buchstabe Gottes würde in einem solchen Käfig auch nicht bleiben. Rabbi Akira rät zur Demut. Er hat aber keine kommunikative Verbindung zu den GROSSEN IN KALIFORNIEN. Sie würden ihn, meint er, vielleicht gar nicht empfangen.

Andererseits gehört es zum Kern der Kabbala, dass der Gottesgelehrte, der »Lernende«, der »Gärtner des göttlichen Buchstabens«, der »Seher«, seinen Mut nicht fallen lässt. Das gehört zum Angriffsgeist dessen, was christliche Usurpatoren mit Aufklärung bezeichnen. Man muss den unvollständigen Versuch, den wir aus dem 18. Jahrhundert kennen, so lange geduldig wiederholen, bis er gedeiht. In ihm liegt das Rhizom eines jeden Anti-Algorithmus, der die Algorithmenwelt in einen Gleichgewichtszustand bringt. Neulich, noch in Babylon, war die Schrift der Ort der Hybris, die alle Eigentumsverhältnisse fixiert. Mit Mut macht sich der Nachfahre des Ersten Akira auf den Weg zu einem Punkt außerhalb der Erde, von der aus sich die digitale Zukunft in Bewegung setzen lässt.

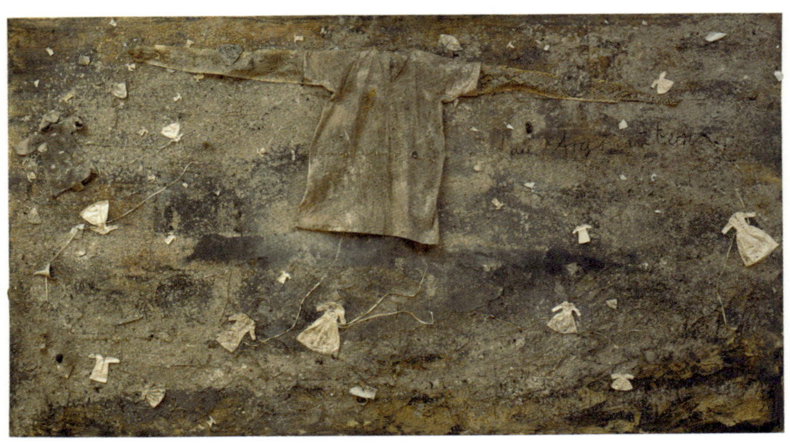

Die Argonauten
1990
Acryl, Asche, Blei, Drahtbügel, Glas, Kreide, Kunststoff-Figuren, Lehm, Öl, Porzellan, Schlangenhaut, Stroh, Textilien und Zähne auf Leinwand
280 × 500 cm

Das Kleid in der Mitte des Bildes ist ein Verweis auf das Brautkleid, das die von Jason verratene Medea ihrer Rivalin, Jasons Braut, schenkt. In dem Kleid verbrennt die Rivalin.

Material und Technik: Acryl, Asche, Blei, Drahtbügel, Glas, Kreide, Kunststoff-Figuren. Lehm, Öl, Porzellan, Schlangenhaut, Stroh, Textilien und Zähne auf Leinwand. Die Zähne verweisen auf die Drachenzähne, die Jason säte.

Die Argonauten, eine mythische Erzählung des Appolonius von Rhodos, lange Zeit nach Homer. Die Argonauten, die mit dem Schiff Argos zu ihren Abenteuern ins Schwarze Meer hinausfahren, sind Kinder. Sie tragen Namen aus dem Zeitalter Homers. Sie wollen das Goldene Vlies finden und sich aneignen. Auf der Rückseite dieses Widderfells sind die Orte am Mittelmeer eingetragen, an denen Schätze verborgen sind.

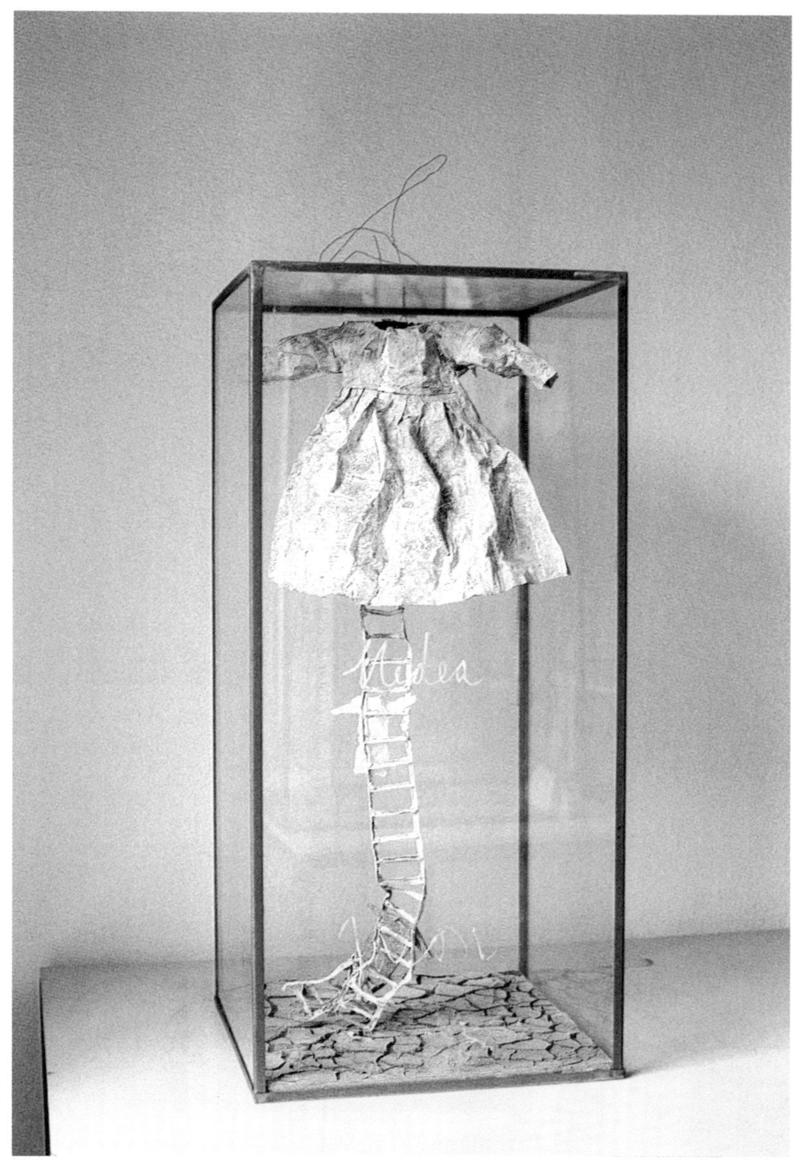

Die Himmelspaläste XV Medea – Jason
Blei, Tonerde, Stoff, Knochen (Zähne), Blattgold, Gouache
90,5 × 40,2 × 40 cm

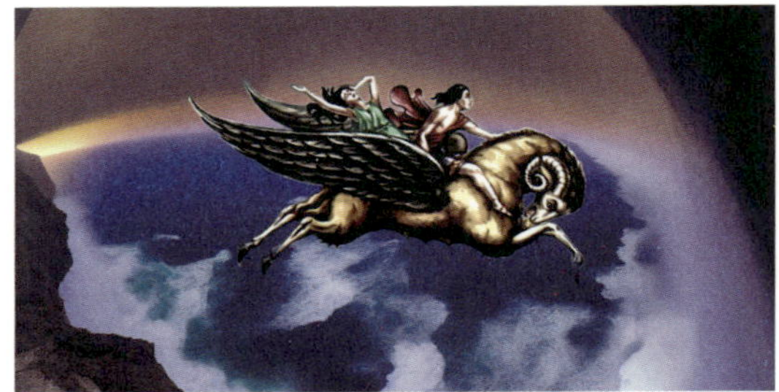

Die Vorgeschichte des Goldenen Vlieses / 2:10 Min

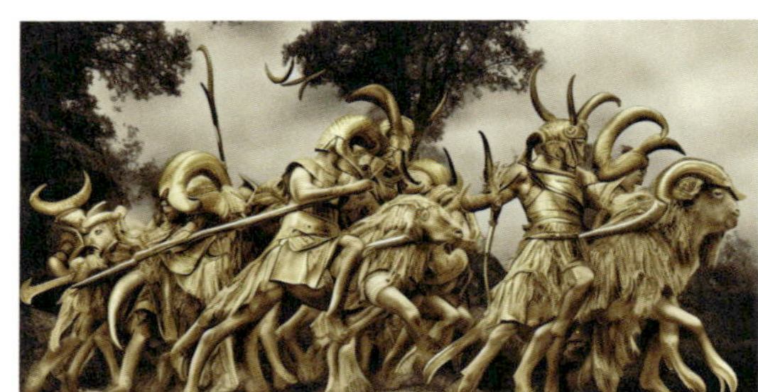

Prinz Chrysomallos, der Widder, hat sich für das Glück der Ostküste des Schwarzen Meers den Göttern geopfert / 2:29 Min

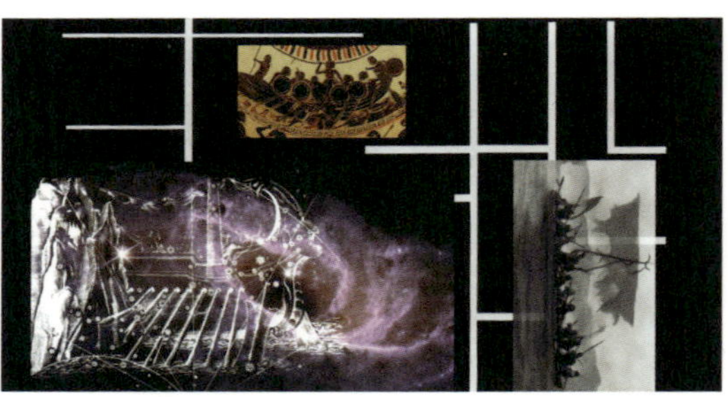

Die Argonauten am Bosporus / 3:17 Min

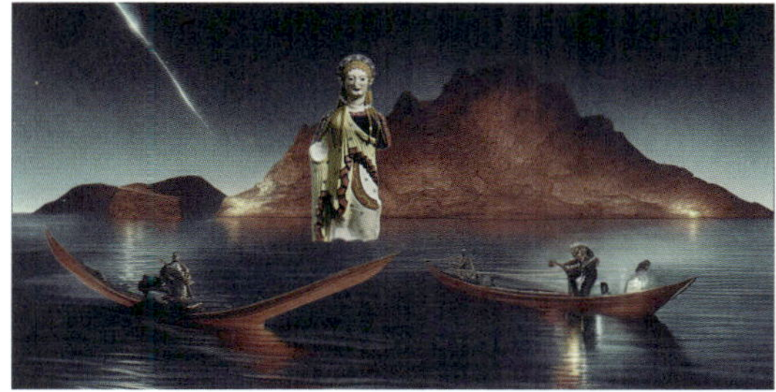

Abenteuer der Medea / Der riesige Automat Thalos / 4:18 Min

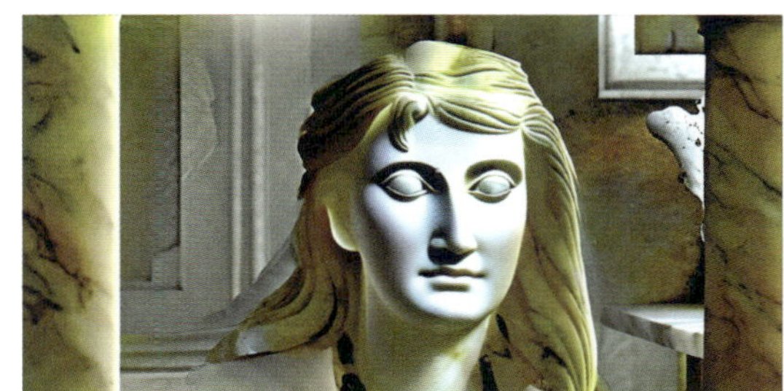

Lied der Medea / 3:07 Min

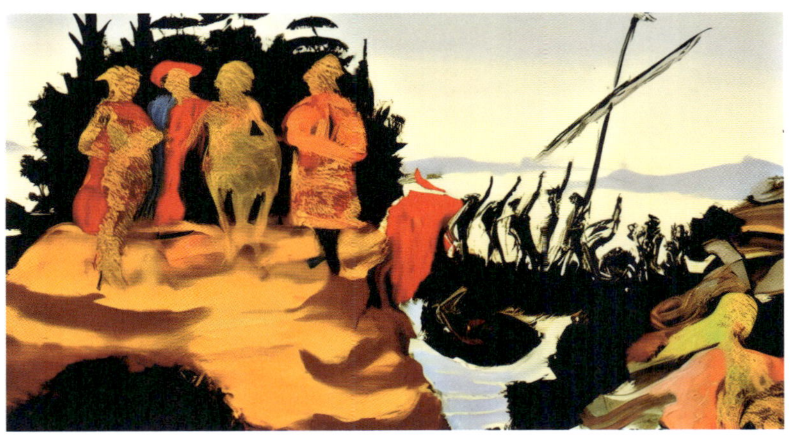

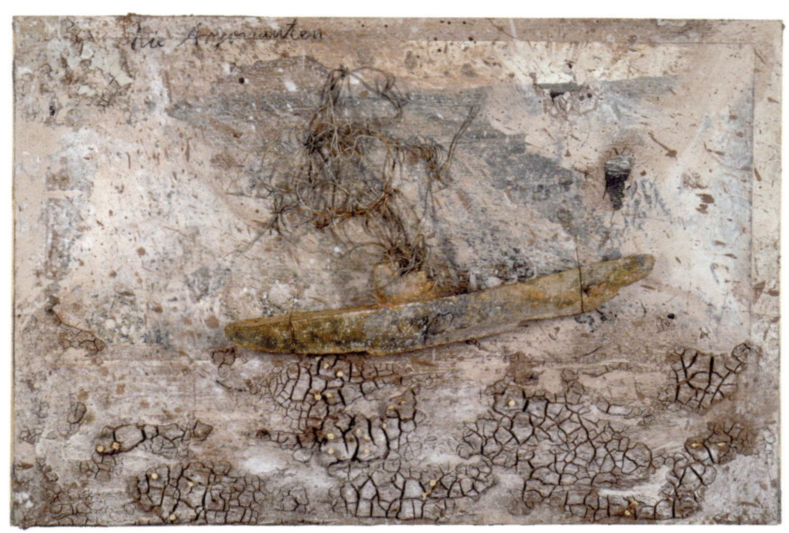

Die Argonauten
2004
Öl, Emulsion, Schellack, Erde, Metalldraht, Bleiboot und Zähne auf Photographie und Karton
95 × 139 cm

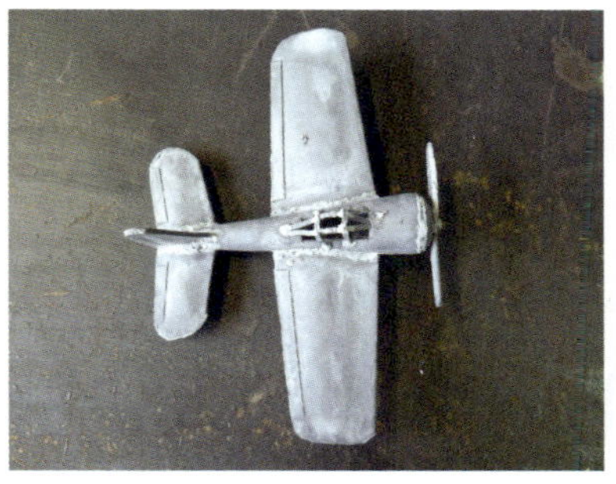
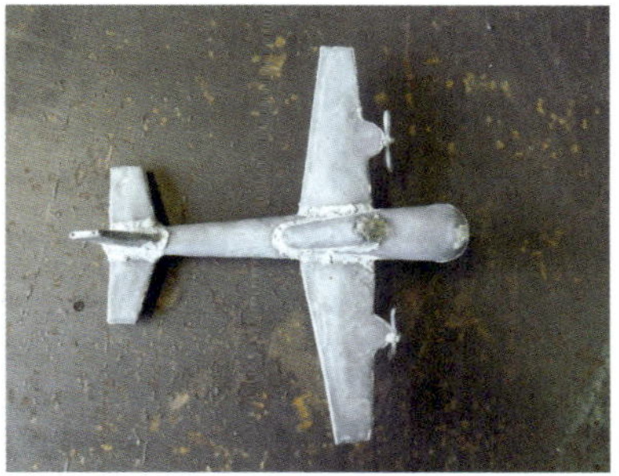

Die Argonauten
2014
Edition von 90 kleinen Bleiflugzeugen für die Royal Academy of Arts in London
Maße variabel

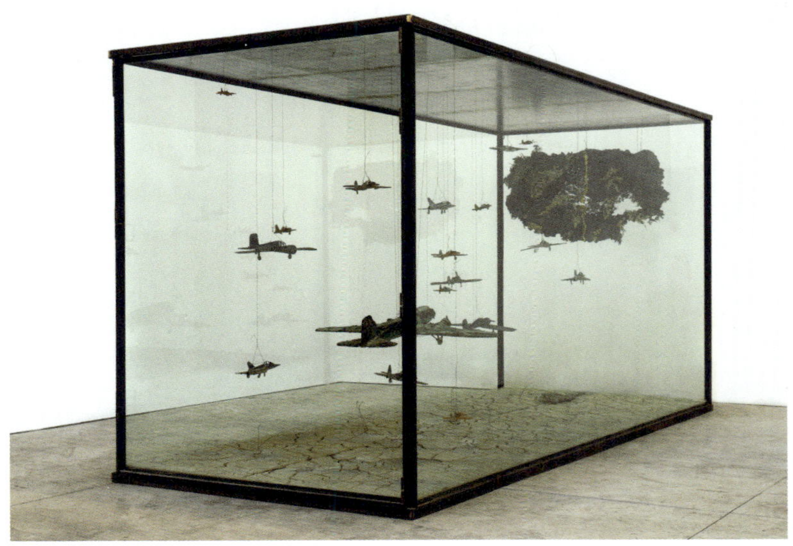

Die Argonauten
2017
Glas, Metall, Holz, Sackleinen, Ton, Blei, Stoff und Blattgold
292 × 570 × 230 cm

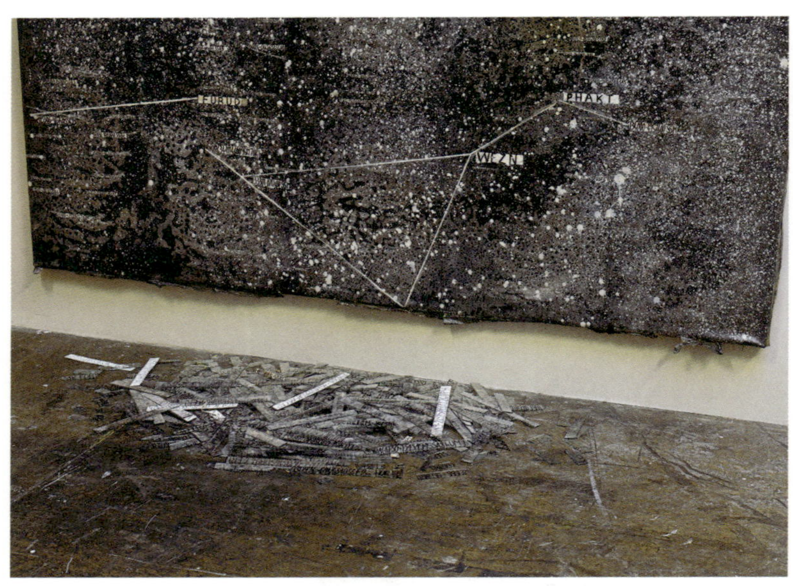

Sternenfall
1999
Detail
Öl, Emulsion, Acryl, Kreide, Karton, Glas und Metall auf Leinwand
500 × 280 cm

»Von den Sternen stürzt die Zeit«

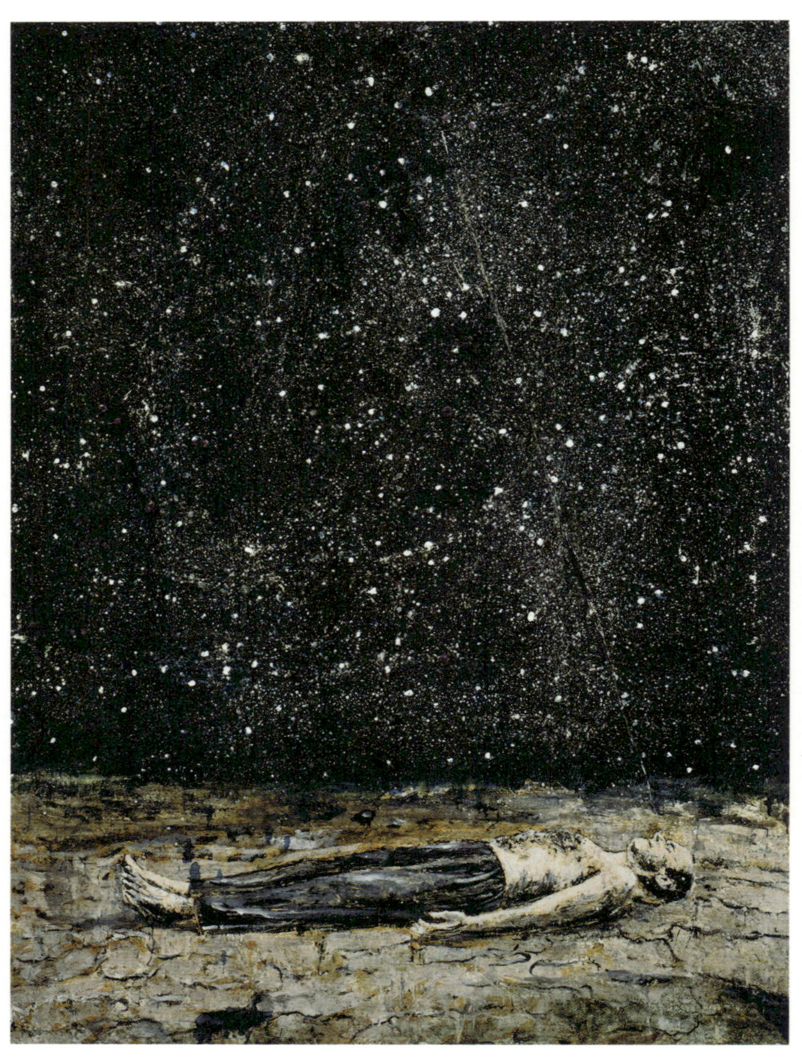

Sternenfall
1995
Öl auf Leinwand
230 × 170 cm

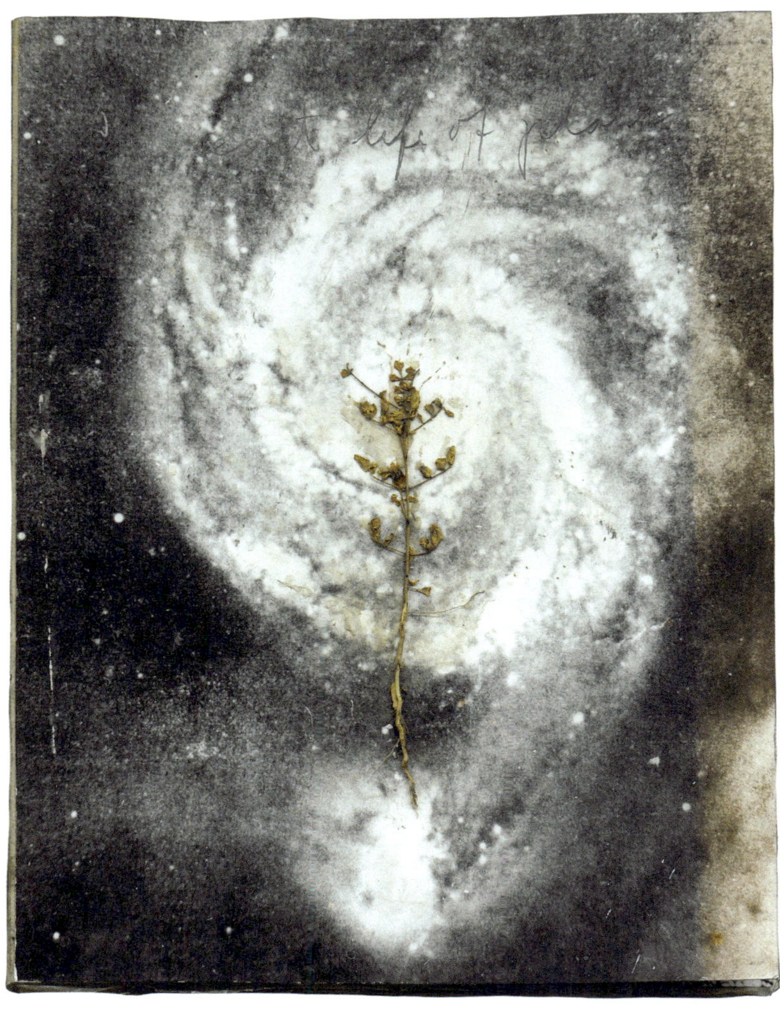

The Secret Life of Plants
1998
Buch, Titelseite, Pflanzen und Graphit auf Photographien, gebunden
64,5 × 50 cm

Nachweise & Hinweise

Photo: Georges Poncet
S. 20: Field of the Cloth of Gold, 2019
S. 24 + S. 25: Anselmus Serpentina E.T.A. Hoffmann, 2020
S. 40: La Voie sacrée, 2021
S. 47-52: Anselm Kiefer, »Für Paul Celan«/Grand Palais Éphémère, Paris/Ausstellungsansichten
S. 58: The Shape of Ancient Thought, 2012-2023
S. 64: Der Rhein, 1969-2012
S. 231: Die Argonauten, 2017

Photo: Atelier Anselm Kiefer
S. 23: Bretton-woods, 2020
S. 26: Für E.T.A. Hoffmann: Der goldene Topf, 2020
S. 35: Das Flüsterhaus – für Paul Celan, 2021
S. 36: Le Dormeur du Val (Der Schläfer im Tal), 2010
S. 39: Aus Herzen und Hirnen, 2021
S. 55: Die sieben Himmelspaläste, 2007
S. 56: Himmel-Erde, 1974
S. 66: Die Trümmerfrauen, 2009
S. 72: Unternehmen Seelöwe, 1975-2013
S. 81: Unbewohnbar, 2000-2022
S. 147: Manipepplia Upsidownia, Die Ungeborenen, 1987
S. 185: For Robert Fludd: The Secret Life of Plants, 1998/99
S. 186: For Robert Fludd: The Secret Life of Plants, 1998/99
S. 188: The Secret Life of Plants, 1998
S. 226: Die Argonauten, 1990
S. 230: Die Argonauten, 2004
S. 231: Die Argonauten, 2014
S. 232: Sternenfall, 1999
S. 234: Sternenfall, 1995
S. 235: The Secret Life of Plants, 1998

Photo: Charles Duprat
S. 54: Unfruchtbare Landschaften, 1969
S. 71: Elisabeth von Österreich, 1978
S. 158: Die Ungeborenen, 2010-2012

S. 192: The Secret Life of Plants, for Robert Fludd, 2001-2002
S. 202: The Secret Life of Plants, 1998
S. 204: The Secret Life of Plants, 1998

Photo: Robert McKeever (Courtesy Gagosian)
S. 82-85: Ausstellungsansichten

Photo: Jeff McLane (Courtesy Gagosian)
S. 86: Ausstellungsansichten

Photo: Theo Christelis (Courtesy White Cube)
S. 104: Liffey, 2023
S. 106: Our shades of minglings mengle them and help help horizons, 2021-2023
S. 108: Marx my word fort, 2023
S. 112: HCE, 2023
S. 114: Phall if you but will, rise you must, 2017-2023

Photo: Eva Herzog (courtesy White Cube, London)
S. 105: Prometheus, 2023

Photo: Johansen Krause (Courtesy Thaddaeus Ropac)
S. 184: The Secret Life of Plants, 2001

Photo: Heiner Bastian
S. 227: Die Himmelspaläste XV Medea – Jason

Photo: Margrit Olsen/Atelier Anselm Kiefer
S. 160: Die Ungeborenen, 2001

Inhalt